KB059566

냥냥이랑
어휘로
과학 쑥
이은경, 김 선 지음
초등 4·1

머리말 수업 시간이 만만해지는 즐거운 상상

학교는 재미있는데, 수업 시간은 좀 별로예요. 어렵고, 지루하고, 딱딱하고, 답답해요. 공부하기 싫어서 그런 것만은 아닌 것 같아요. 오늘은 열심히 해봐야지, 나도 공부 잘하고 싶어, 라고 굳게 결심한 날에도 수업 시간은 여전히 어렵고, 지루하고, 딱딱하고, 답답하거든요.

대체 나는 왜 이럴까요? 혹시 이런 고민해 본 적 있나요?

수업 시간이 지루하고 힘들어서 빨리 끝나기만을 바라는 우리 친구들의 딱한 표정을 안타깝게 바라보던 냥냥이 친구들이 있었어요. 이 친구들이 모두 모여 오랜 시간 고민한 끝에 드디어 그 이유를 찾아냈지요. 범인은 바로, 교과서 속 어휘! 어휘를 모르니 내용을 이해할 수 없는 거였어요.

우리 친구들이 보는 교과서에는 도저히 무슨 뜻인지 알 수 없는 어휘들이 툭툭 자꾸 튀어나와요. 이제 막 공부라는 것에 도전하려는 우리 친구들에게는 교과서 본문 속 어휘들이 너무나 낯설게 느껴졌을 거예요.

어휘의 뜻만 미리 알고 있었다면 척척 이해되고 기억되었을 내용인데, 겨우 그것 때문에 지금껏 교과서와 친구가 되지 못했다니 억울할 지경이에요.

그래서 냥냥이 친구들이 '짠' 하고 이렇게 나타났어요. 공부를 열심히 해서 시험도 백 점 맞고 싶고, 나만의 소중한 꿈도 이루고 싶고, 오래오래 기억될 훌륭한 사람이 되고 싶은 친구들을 위해 꼭 기억해야 할 어휘를 골라 주고, 설명해 주고, 교과서에서 찾아 주고, 퀴즈도 내줄 거예요. 어휘 공부가 끝나면 새롭게 알게 된 어휘를 내 것으로 만들어버릴 교재가 기다리고 있으니 활용해 보세요.

이제 냥냥이가 이끄는 대로 즐겁게 한 발씩 따라가기만 하면 돼요. 그럼 자연스럽게 수업 시간이 만만하고, 즐겁고, 시간이 후딱 지나가는 제법 해볼 만한 도전이 될 거예요.

새롭고 힘찬 새학년의 시작을 응원하며

냥냥이 친구들이

이 책의 구성과 특징

배울 개념어의 뜻을 설명한다.

01 근거

1. 과학 탐구

어떤 일이나 의논, 의견에 그 근본이 됨. 또는 그런 까닭

어휘교실

개념어가 한자어인 경우 그 음과 뜻을 알려 주고, 한자어가 아닌 경우 개념어의 어원이나 유래, 비슷한 말 따위를 설명한다.

根	據
뿌리 **근**	근거 **거**

교과서에서 개념어가 사용된 문장을 알려 주어 개념어에 대한 이해를 높인다.

교과서 속 어휘찾기

- 탐구 활동에서 의사소통할 때는 과학적인 근거를 들어 자신의 생각을 정확하게 전달해야 한다.
- 타당한 근거를 들어 설명하면 자신과 생각이 다른 사람을 쉽게 설득할 수 있다.

발포? 기포?

난 음료 중 사이다가 제일 좋아. 발포 현상이 정말 재미있어.

발포라고? 사이다에서 총알이라도 나가는 거야?

하하. 총이나 포를 쏘는 것도 발포라고 하지만, 거품이

난 사이다에서 거품 올라오는 게 좋아.

총 쏘는 줄 알고 깜짝 놀랐잖냥!

개념어의 확장된 의미에 대해 알려 주어 개념어만 공부하는 것이 아니라 폭넓은 어휘를 학습할 수 있게 한다.

냥냥이와 퀴즈대결

1. 거품이 나는 것을 뜻하는 말은?

① 쥐포 ② 발포 ③ 대포 ④ 반포

2. 발포 비타민을 물에 넣는 실험을 할 때 필요하지 않은 것은?

① 투명한 유리컵 ② 물 ③ 발포 비타민 ④ 사이다

간단한 형태의 퀴즈를 풀며 개념어를 이해했는지 확인한다.

모르냥의 하루

개념어를 사용한 재미있는 냥냥이들의 만화를 통하여 자연스럽게 개념어를 한번 더 인지시킨다.

서술어에 대한 뜻과 활용한 문장을 설명한다.

낭낭이의 **서술어 충전소**

나열하다

좋아하는 음식이 있니? 설마 하나만 있는 건 아니겠지? 이처럼 좋아하는 음식이나 물건을 여러 개 이야기하거나, 죽 벌여 놓는 것을 '나열하다' 라고 해.

서술어의 비슷한 말과 반대말을 알아본다.

비슷한 말 | 반대말

서술어 친구들

나열하다

배열하다

어놓다

진열하다

모으다

각 단원에서 배운 개념어와 서술어를 조합하여 개념어와 서술어가 아우러진 문장을 학습한다.

개념어랑 서술어랑

근거 + 나열하다

독도가 우리 땅이라는 근거를 나열해 볼까? 첫째, 대한민국에 더 가까이 위치해 있고, 둘째, 현재 대한민국이 지배하고 있어. 마지막으로, 1900년 대한제국 칙력 제 41호 발표를 통해 국제적으로 공표했어. 어때? 근거가 확실하지?

차례

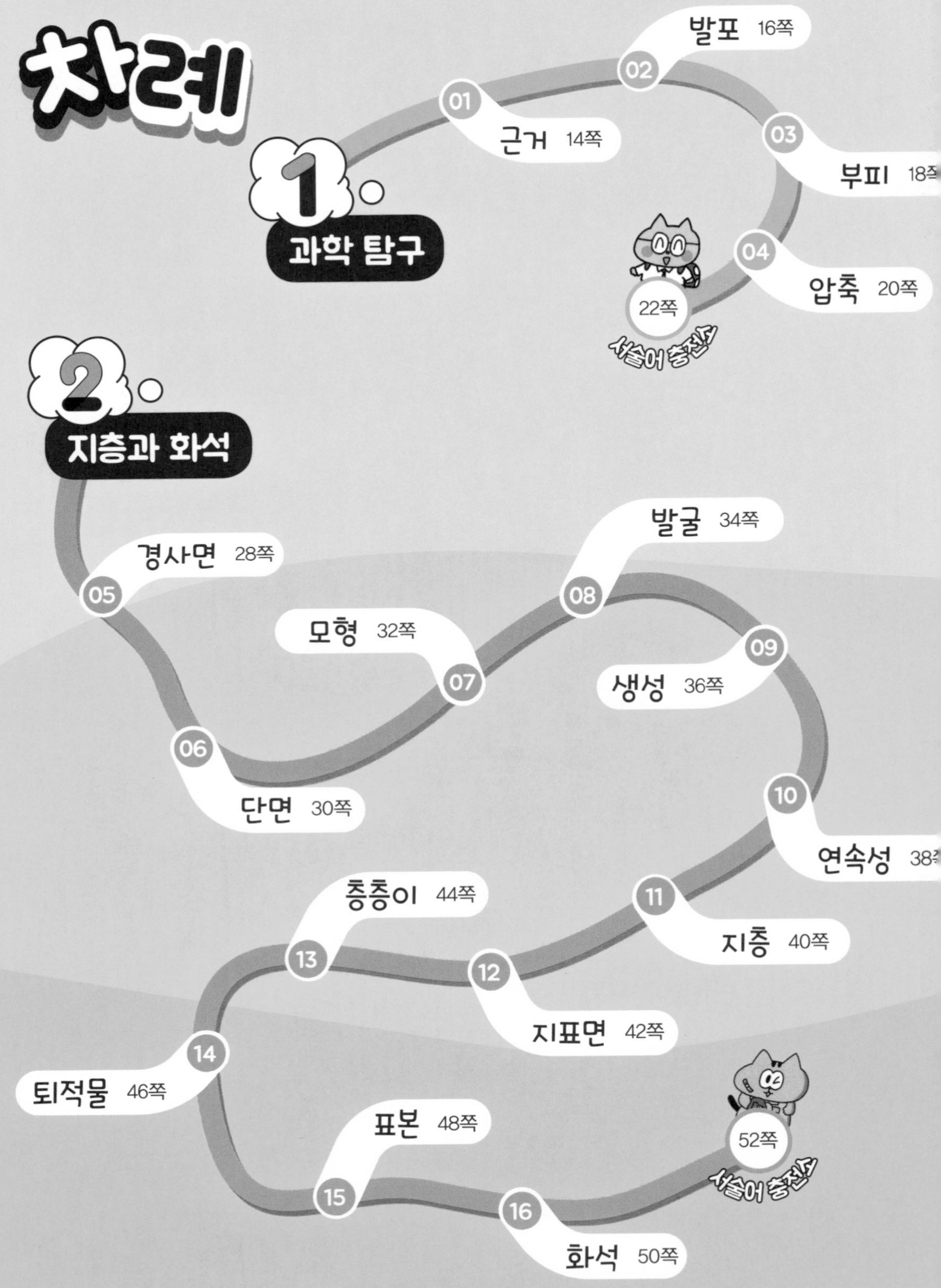

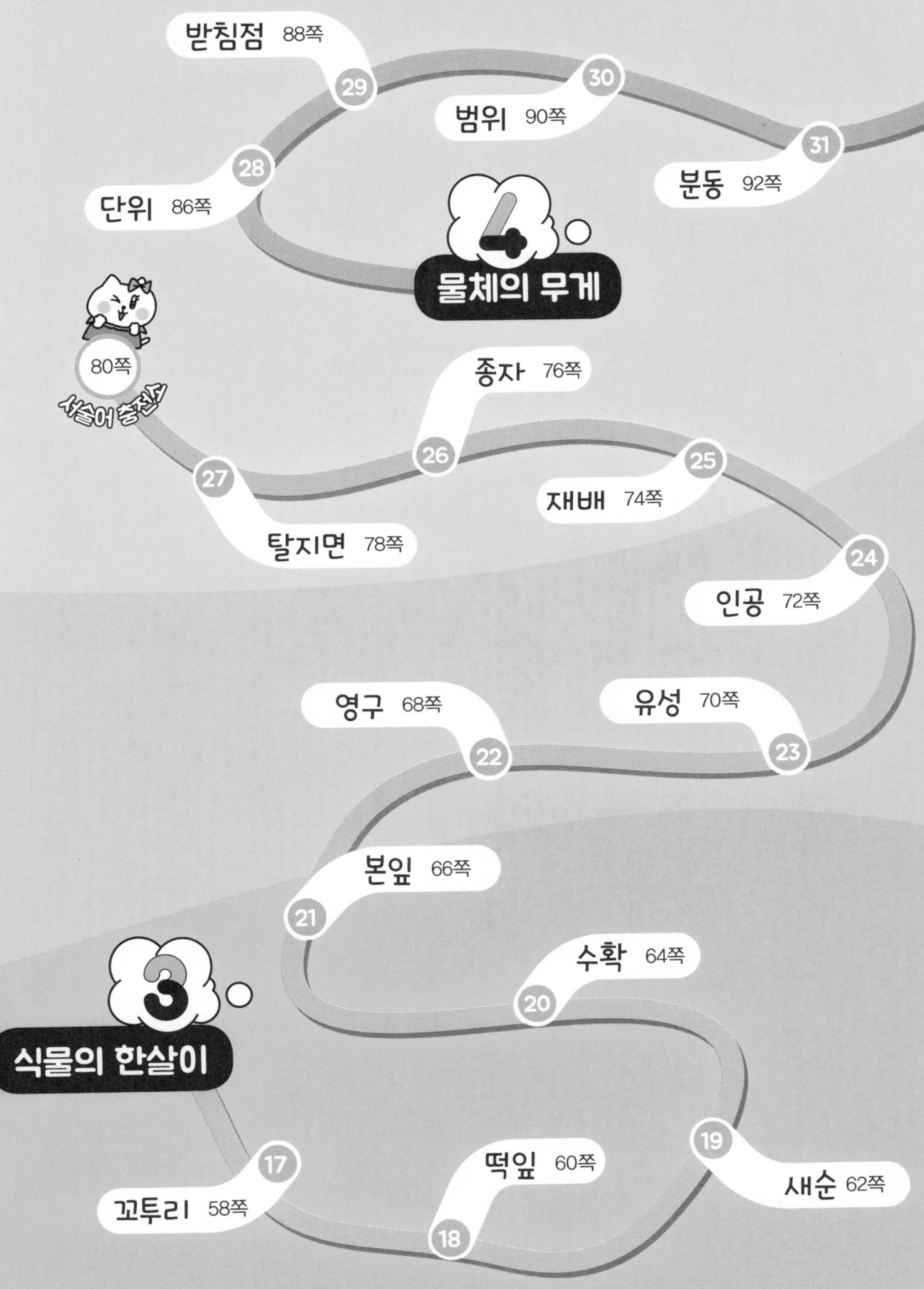

받침점 88쪽
29
30
범위 90쪽
31
분동 92쪽
28
단위 86쪽
4
물체의 무게
80쪽
서술어 충전소
종자 76쪽
26
25
27
재배 74쪽
탈지면 78쪽
24
인공 72쪽
영구 68쪽
유성 70쪽
22
23
본잎 66쪽
21
수확 64쪽
3
20
식물의 한살이
19
17
떡잎 60쪽
새순 62쪽
꼬투리 58쪽
18

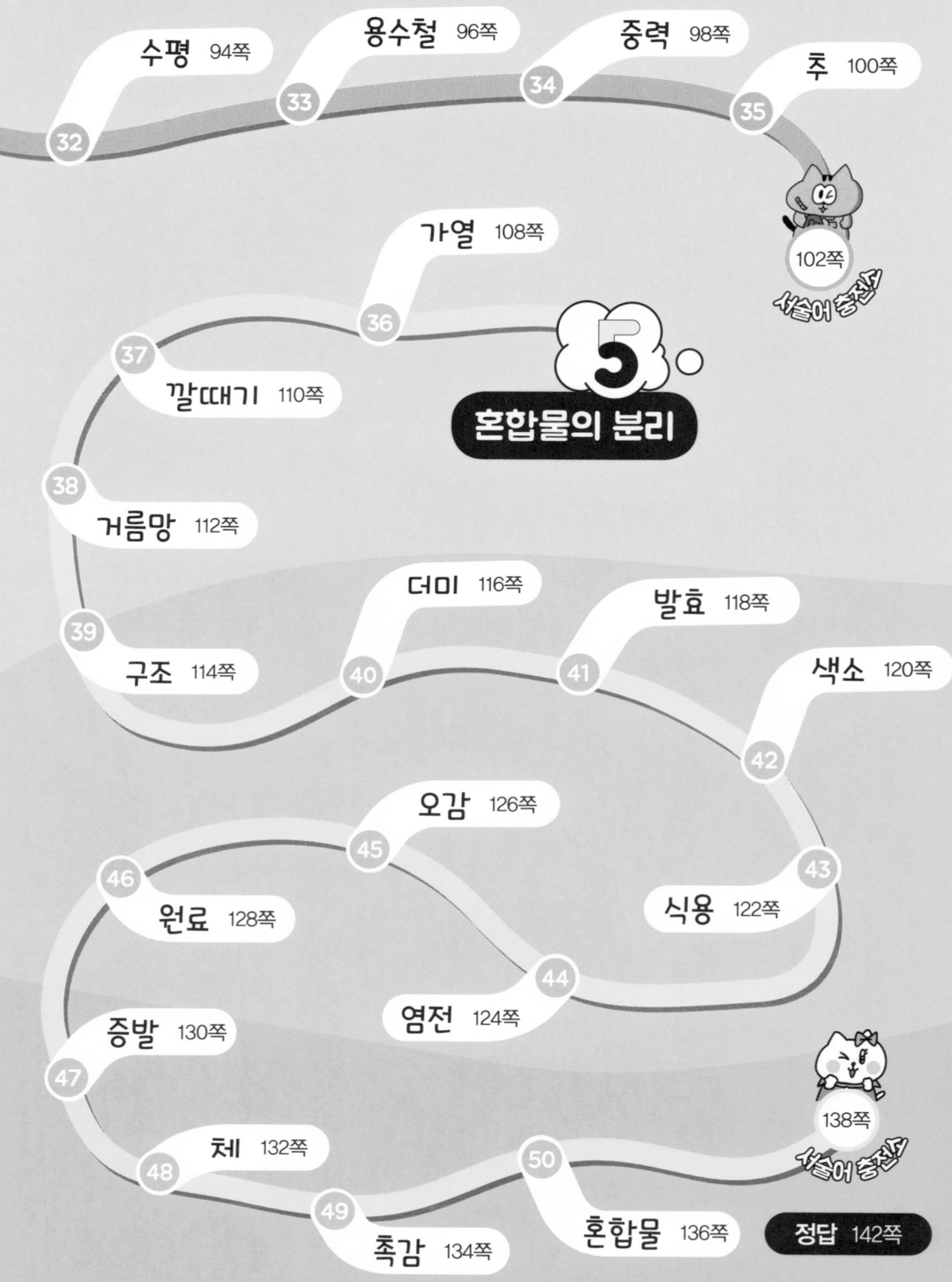
32 수평 94쪽
33 용수철 96쪽
34 중력 98쪽
35 추 100쪽
102쪽 서술어 충전소
5. 혼합물의 분리
36 가열 108쪽
37 깔때기 110쪽
38 거름망 112쪽
39 구조 114쪽
40 더미 116쪽
41 발효 118쪽
42 색소 120쪽
43 식용 122쪽
44 염전 124쪽
45 오감 126쪽
46 원료 128쪽
47 증발 130쪽
48 체 132쪽
49 촉감 134쪽
50 혼합물 136쪽
138쪽 서술어 충전소
정답 142쪽

등장 인물 소개

괜찬냥

언제나 친구들을 먼저 따뜻하게 챙긴다.
친구에게 어려움이 있을 때 괜찮냐고 묻고 도와준다.

머라냥

친구들의 말을 열심히 안 듣고 있다가
나중에 엉뚱한 소리를 한다.

예뽀냥

예쁘고 발랄한 공주님 같은 고양이.
예쁜 것을 보면 정신을 못차리고 갖고 싶어 한다.

모르냥

잘 몰라서 새로운 내용이 나올 때마다 깜짝 놀란다.
친구들이 알려 주면 고마워한다.

알갓냥

똑똑하고 아는 게 많고 책을 좋아하고 자신감이 넘치고
잘난 척을 한다.

어쩌냥

사고를 치고 덜렁거리며 구멍이 많지만 해맑다.
일부러 그러는 건 아니지만 친구들에게 피해를 줄 때도 있다.

과학 탐구

무엇을 배우나요?

1단원에서는 과학자처럼 탐구하는 과정과 탐구 방법에 대해서 알아볼 거예요. 과학 학습에서 다른 교과와 구분되는 가장 특징적인 것이 '탐구'예요. 기초 과학 탐구 기능은 탐구의 가장 기초적이고 초보적인 기능으로, 탐구 과정의 바탕을 이루고 있어요.

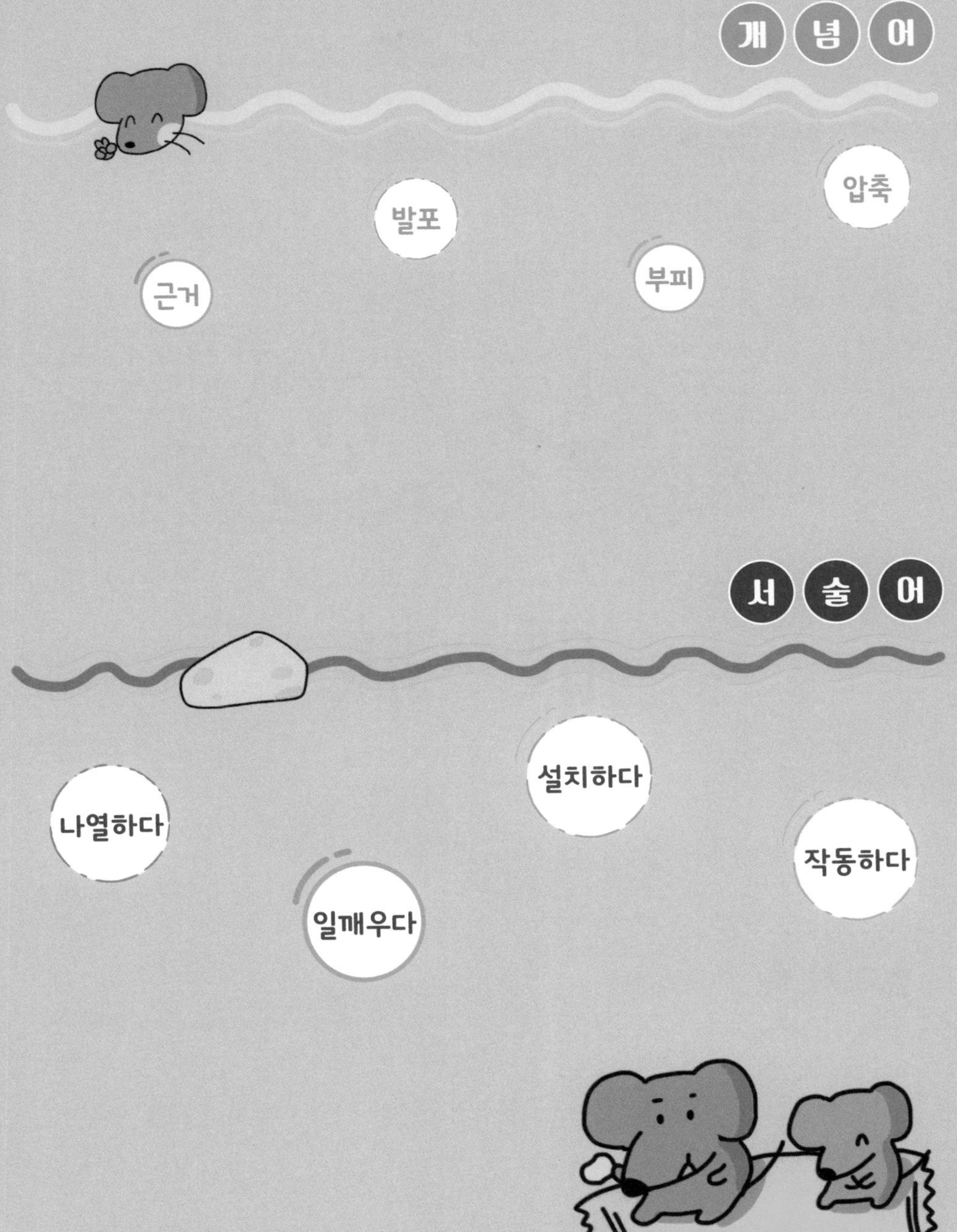
개 념 어
발포
압축
근거
부피
서 술 어
설치하다
나열하다
작동하다
일깨우다

근거

1. 과학 탐구

어떤 일이나 의논, 의견에 그 근본이 됨. 또는 그런 까닭

根 뿌리 **근**

據 근거 **거**

교과서 속 어휘찾기

- 탐구 활동에서 의사소통할 때는 과학적인 **근거**를 들어 자신의 생각을 정확하게 전달해야 한다.
- 타당한 **근거**를 들어 설명하면 자신과 생각이 다른 사람을 쉽게 설득할 수 있다.

근거? 논거?

수행평가에서 선생님이 내 글에 논거가 부족하다고 써 주셨어. 논거가 뭐냥?

그래서 네 수행평가 점수가 낮았구나! '논거'는 어떤 이론이나 논리, 논설 따위에 사용되는 근거를 말해.

아! 근데 어쩌지? 방금 네가 논거를 설명할 때 말한 근거도 모르겠어.

나 참, 그것도 모르냥? '근거'는 어떤 일이나 의논, 의견에 대한 까닭을 말해. 논거와 비슷한 말이지. 까닭, 계기도 비슷한 말이야.

1. 어떤 일이나 의논, 의견에 그 근본이 됨을 뜻하는 말은?

① 선거 ② 과거 ③ 자전거 ④ 근거

2. 근거와 비슷한 말이 <u>아닌</u> 것은?

① 논거 ② 까닭 ③ 계기 ④ 의견

예뽀냥의 하루

02 발포

거품이 남

어휘교실

發	泡
필 **발**	거품 **포**

교과서 속 어휘찾기

- 물이 든 유리컵 속에 **발포** 비타민을 넣고 일어나는 변화를 관찰해 본다.
- 어항의 산소 공급기는 **발포** 현상을 이용하여 공기 중의 산소를 물속에 공급하는 장치이다.

발포? 기포?

난 음료 중 사이다가 제일 좋아. 발포 현상이 정말 재미있어.

발포라고? 사이다에서 총알이라도 나가는 거야?

하하. 총이나 포를 쏘는 것도 발포라고 하지만, 거품이 나는 것도 발포라고 해! 난 사이다에서 거품 올라오는 게 좋아.

총 쏘는 줄 알고 깜짝 놀랐잖냥!

1. 거품이 나는 것을 뜻하는 말은?

① 취포 ② 발포 ③ 대포 ④ 반포

2. 발포 비타민을 물에 넣는 실험을 할 때 필요하지 않은 것은?

① 투명한 유리컵 ② 물 ③ 발포 비타민 ④ 사이다

모르냥의 하루

03 부피

넓이와 높이를 가진 물건이 공간에서 차지하는 크기

어휘교실

과학에서 말하는 **부피**는 입체가 차지하는 공간의 크기이다.

교과서 속 어휘찾기

- 우리 생활에서 어떤 대상의 정확한 무게나 **부피**를 알아야 할 때가 있다.
- 액체의 **부피**를 측정할 때에는 눈금실린더, 물체의 무게를 측정할 때에는 저울을 사용하면 더 정확하게 측정할 수 있다.
- 물의 오목한 부분의 눈금을 읽으면 **부피**를 측정할 수 있다.

난 500 mL 우유를 한 번에 먹어. 넌?

난 200 mL 우유로 충분해. 어? 그러고 보니 우유갑 크기에 따라 부피가 다르네!

'부피'는 물건이 공간에서 차지하는 크기잖아. 그래서 일반적으로 물건의 크기가 크면 부피가 크고, 크기가 작으면 부피가 작아. 너와 나의 우유갑 크기 차이만 봐도 부피의 차이를 알 수 있지.

하하! 너와 내 배의 부피 차이도 큰걸!

1. 물건이 공간에서 차지하는 크기는?

① 코피 ② 커피 ③ 부피 ④ 피부

2. 다음 중 부피가 가장 큰 것은?

① 스마트폰 ② 책가방 ③ 자전거 ④ 자동차

모르냥의 하루

04 압축

물질 따위에 압력을 가하여 그 부피를 줄임

어휘교실

壓	縮
누를 **압**	줄일 **축**

교과서 속 어휘찾기

- 딱딱한 **압축** 물휴지가 물을 흡수하면 그 휴지로 손을 닦을 수 있다.
- 떨어뜨린 물방울의 수에 따라 **압축** 물휴지의 길이가 늘어난다.
- 잡아당긴 고무줄이나 **압축**이 된 용수철에서 솟아나는 힘을 탄성력이라고 한다.

압축? 압력?

여행 가방이 꽉 차서 더이상 안 들어가.

누르거나 미는 힘인 압력을 이용하면 부피를 줄일 수 있을 거야.

오! 네 말대로 압력을 가하니 부피가 확 줄었어. 어느 정도 압축을 했으니 짐을 더 챙겨 볼까?

아이고! 겨우 압축했더니 짐을 더 챙긴다고? 이제 난 모르겠다냥!

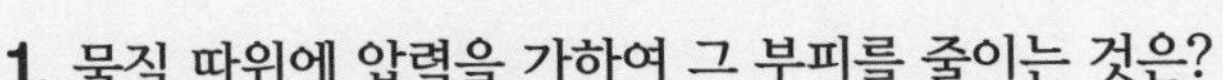

1. 물질 따위에 압력을 가하여 그 부피를 줄이는 것은?

① 압축 ② 추측 ③ 축척 ④ 저축

2. 다음 중 압축해도 크기가 줄어들지 않는 것은?

① 이불 ② 레고 블럭 ③ 쿠션 ④ 패딩 점퍼

알갓냥의 하루

낭냥이의 서술어 충전소

나열하다

좋아하는 음식이 있니? 설마 하나만 있는 건 아니겠지? 이처럼 좋아하는 음식이나 물건을 여러 개 이야기하거나, 죽 벌여 놓는 것을 '나열하다'라고 해.

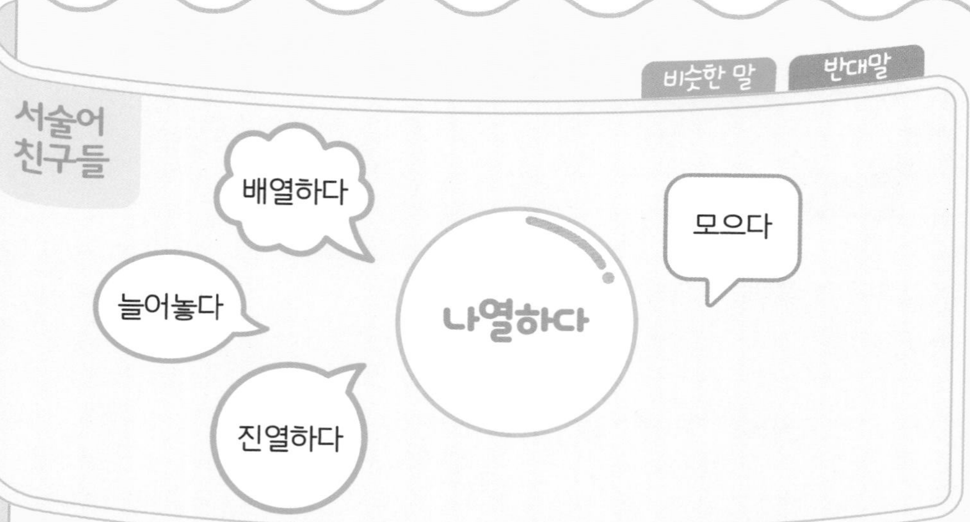

개념어랑 서술어랑

근거 + 나열하다

독도가 우리 땅이라는 근거를 나열해 볼까? 첫째, 대한민국에 더 가까이 위치해 있고, 둘째, 현재 대한민국이 지배하고 있어. 마지막으로, 1900년 대한제국 칙령 제 41호 발표를 통해 국제적으로 공표했어. 어때? 근거가 확실하지?

설치하다

밤에 경기가 가능하도록 하려면 운동장에 조명 탑 따위가 필요해. 그리고 입학식을 할 때는 입학 환영 현수막과 포토 존을 준비하지. 이렇게 어떤 일을 하는 데 필요한 기관이나 설비 따위를 마련하여 갖추는 것을 '설치하다' 라고 해.

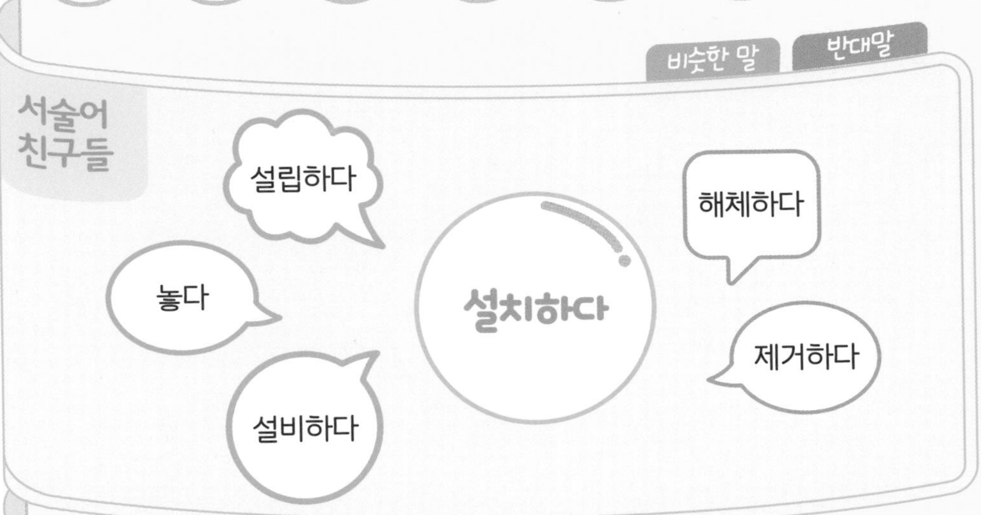

개념어랑 서술어랑

부피 + 설치하다

수박을 좋아하는 우리 가족들! 하지만 엄마께서는 수박 껍질 때문에 음식물 쓰레기 부피가 늘어나 늘 고민이 많으셔. 이번에 설치한 음식물 쓰레기 처리기가 엄마의 고민을 조금 덜어 주었으면 좋겠어.

일깨우다

숙제를 깜박 잊고 안 할 때가 있어. 그래서 메모를 꼭 하려고 해. 특히 종례 시간에 선생님께서 다시 말씀해 주실 때 메모하면 잊지 않을 수 있지. 이렇게 선생님께서 다시 내게 일러 주실 때 '일깨우다'라고 표현할 수 있어. 가르치거나 일러 주어서 알게 하는 것을 의미해.

서술어 친구들

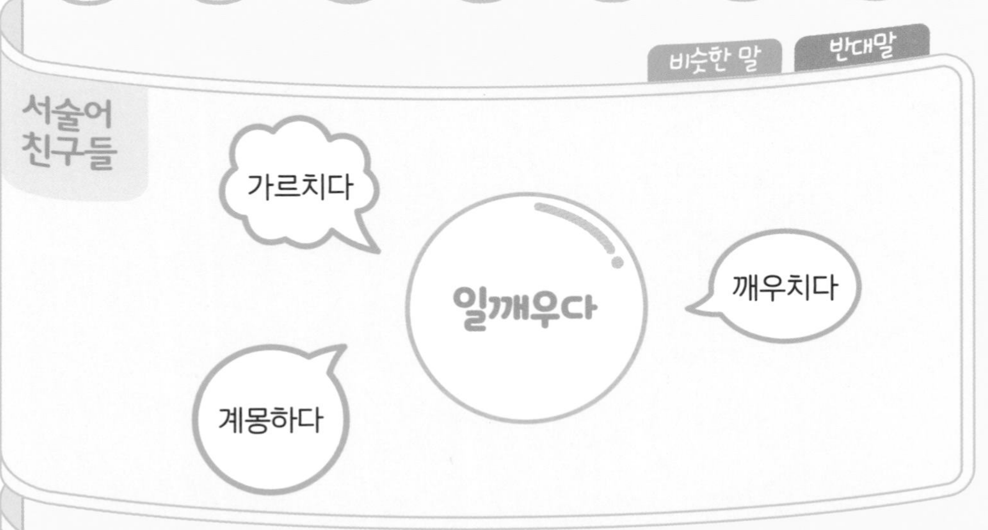

개념어랑 서술어랑

압축 + 일깨우다

분류 배출의 중요함을 일깨우기 위해 페트병 분리수거 방법에 대해 다시 한번 설명할게. 페트병에 있는 라벨을 제거하고 헹군 뒤 압축시켜 뚜껑을 닫아 배출해야 해.

작동하다

새로 산 장난감이 움직이지 않을 때가 있었니? 그럴 때 장난감이 작동하지 않는다고 말해. 제대로 움직일 때는 '작동하다' 라고 말하지. 기계 따위가 제 기능대로 움직이거나 움직이게 하는 것을 '작동하다' 라고 해.

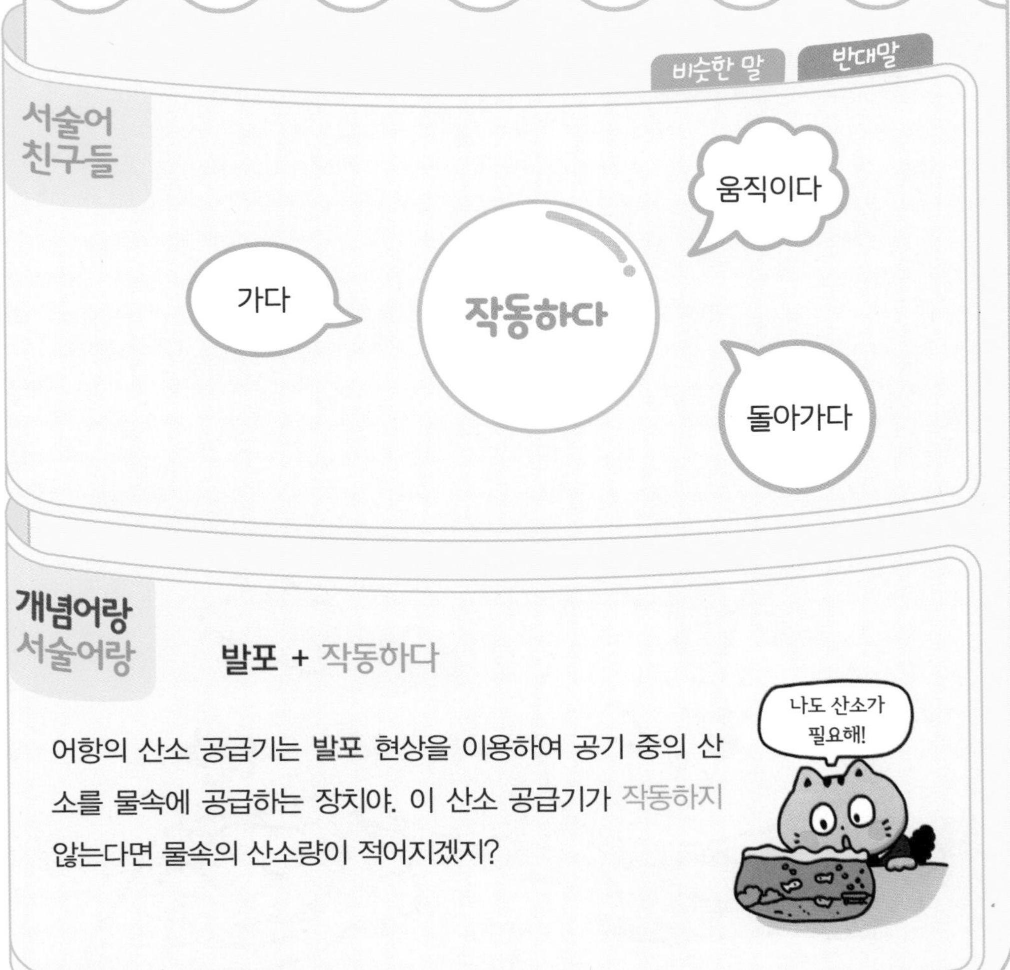

2.

지층과 화석

무엇을 배우나요?

2단원에서는 여러 가지 지층과 화석을 이해함으로써 과거에서 현재까지 지구의 모습과 생명체의 변화에 대해 흥미와 호기심을 갖게 될 거예요. 또 퇴적암과 지층 속 화석의 생성 과정을 공부하면서 화석의 가치도 알게 되죠.

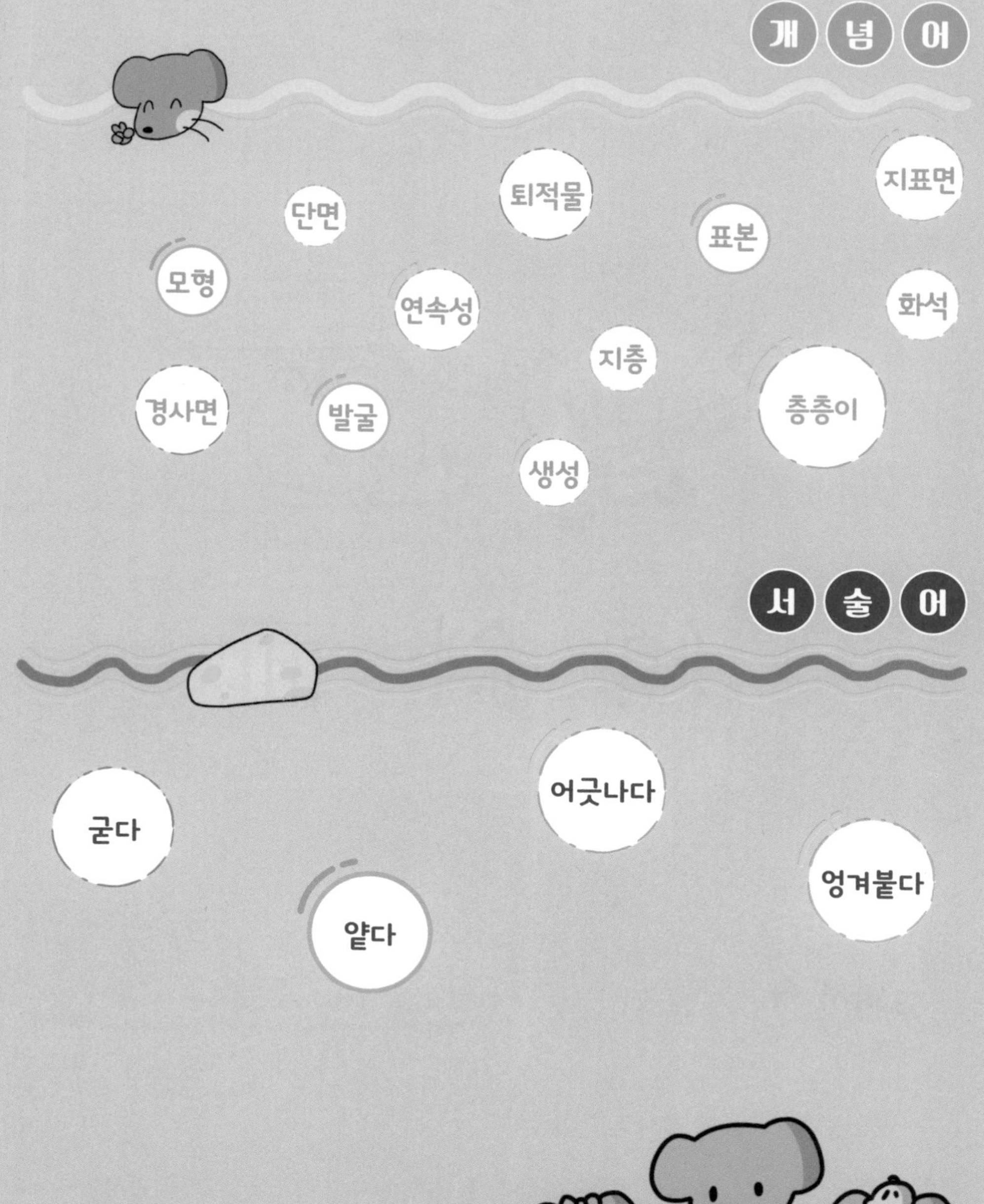

개념어
단면
퇴적물
지표면
표본
모형
연속성
화석
지층
경사면
발굴
층층이
생성
서술어
굳다
어긋나다
엉겨붙다
얇다

경사면

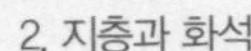

비스듬히 기울어진 면

어휘교실

傾	斜	面
기울 **경**	비낄 **사**	낯 **면**

교과서 속 어휘찾기

- 지층 실험용 수조에 **경사면**을 설치한다.
- 자갈, 모래, 진흙이 든 비커 중 하나를 선택하여 지층 실험용 수조의 **경사면**에 물과 함께 흘려보낸다.

경사면? 경사?

이 길은 경사면이 너무 급해.

그럴 때는 경사가 급하다고 이야기해야 해.

뭐가 다르냥?

'경사'는 기울어진 상태나 정도를 나타내고, 기울어진 면을 '경사면'이라고 해.

으악! 조심해. 네가 들고 있는 컵의 경사가 급해 다 쏟아질 것 같아.

1. 비스듬히 기울어진 (점, 선, 면)을 경사면이라고 한다.

2. 기울어진 상태나 정도를 뜻하는 말은?

① 경사 ② 발사 ③ 도사 ④ 형사

예뻐냥의 하루

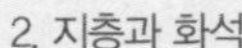

물체의 잘라 낸 면

교과서 속 어휘찾기

- 지층 모형을 투명한 빨대로 뚫어서 빨대 안에 보이는 **단면**을 관찰해 본다.
- 지층 모형의 **단면**을 보고 쌓인 순서를 알 수 있다.
- 샌드위치를 반으로 자르면 지층의 **단면**을 설명하기 좋다.

단면의 다른 뜻?

단면만 보고 이야기하면 안 된다고 하던데, 무슨 말이냥?

그때 사용한 '단면'은 사물이나 사건의 여러 현상 가운데 부분적인 한 측면만 본다는 뜻이야.

모양은 같은데 뜻이 다르구나.

그런 것을 동음이의어라고 해.

1. 물체의 잘라 낸 면은?

① 반면　　② 단면　　③ 라면　　④ 자장면

2. 사물이나 사건의 여러 현상 가운데 한 부분적인 측면을 (　　　　)(이)라고 한다.

머라냥의 하루

모형

실물을 모방하여 만든 물건

模 본뜰 **모**

型 모형 **형**

교과서 속 어휘찾기

- 식빵으로 만든 지층 **모형**과 실제 지층 모두 층층이 쌓여 있으며, 줄무늬를 볼 수 있다.
- 지층 **모형**의 단면을 보고 쌓인 순서를 말한다.

모방? 모형?

모방이랑 모형은 같은 의미 아니냥?

'모방'은 비슷하게 따라 하는 것을 말하고, '모형'은 따라서 만든 물건을 말해.

그럼 너처럼 어휘를 많이 알려면 너를 모방해야겠구나.

따라 할 수 있으면 따라 해 봐. 그런데 쉽지는 않을걸!

1. 실제처럼 실물을 모방하여 만든 물건은?

① 우리 형　② 작은형　③ 큰형　④ 모형

2. 다음 중 모형으로 만들 수 없는 것은?

① 비행기　② 건물　③ 자동차　④ 이산화 탄소

머라냥의 하루

08 발굴

2. 지층과 화석

땅속이나 큰 덩치의 흙, 돌 더미 따위에 묻혀 있는 것을 찾아서 파냄

어휘교실

조선 시대 유물 발굴 작업 중!

그냥 흙 장난 하는 것 아니냥?

發	掘
필 **발**	팔 **굴**

교과서 속 어휘찾기

- 아프리카 마다가스카르에서 손바닥보다 작은 10 cm 정도의 공룡 친척 화석이 **발굴**되었다.
- 과학자들이 지층에서 공룡 뼈 화석을 **발굴**하고 있다.
- 화석의 **발굴** 과정을 이야기해 본다.

발굴과 발견은 무엇이 다르지?

이 근처에서 화석이 발견되었대!

화석은 발견된 게 아니라 발굴된 거지.

뭐가 다르냥?

'발견'은 미처 찾아내지 못하였거나 아직 알려지지 않은 사물이나 현상, 사실 따위를 찾아내는 것이고, '발굴'은 화석이나 지하자원 따위를 찾아서 파내는 것을 말해.

그래서 콜럼버스가 신대륙을 발견했다고 하는 거구나.

1. 땅속이나 큰 덩치의 흙, 돌 더미 따위에 묻혀 있는 것을 찾아서 파내는 것은?

① 발굴 ② 발명 ③ 발견 ④ 발포

2. 다음 중 발굴하는 것이 아닌 것은?

① 화석 ② 신대륙 ③ 문화재 ④ 지하자원

모르냥의 하루

09 생성

사물이 생겨남. 또는 사물이 생겨 이루어지게 함

어휘교실

生 날 **생**

成 이룰 **성**

교과서 속 어휘찾기

- 지층 모형과 지층은 모두 먼저 **생성**된 층이 아래에 있다.
- 화석의 **생성** 과정에 대해 알아본다.
- 태양계의 **생성** 과정을 밝히기 위한 연구를 계속하고 있다.

생성과 생산의 차이는?

내 장난감 자동차의 생성 일자를 보니 두 달 전이네. 완전 신상이야! 하하!

생성이 아니라 생산 일자겠지!

생성의 '생'은 생일의 '생'처럼 생겨난다는 뜻이라던데?

둘 다 생겨난다는 의미를 갖고 있지만, '생성'은 이전에 없었던 어떤 사물이나 성질이 새롭게 생겨나는 것을 말하고, '생산'은 인간이 생활하는 데 필요한 각종 물건을 만들어 내는 거야.

그나저나 내 생일이 이틀이나 남았네. 오늘이 내 생일이었으면 좋겠다냥!

1. 사물이 생겨 이루어지게 하는 것은?

① 생각　② 생성　③ 생선　④ 상상

2. 생성은 사물이 (생겨나는, 없어지는) 것이다.

알갓냥의 하루

연속성

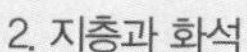

끊이지 않고 죽 이어지거나 지속되는 성질이나 상태

어휘교실

連	續	性
잇 닿을 **련(연)**	이을 **속**	성품 **성**

교과서 속 어휘찾기

- 식물을 기르면서 생명의 신비를 느끼고, 생명의 **연속성**에 호기심을 느꼈다.
- 뉴턴은 **연속성**의 개념을 아주 중요시했으며 그로부터 세 가지 운동 법칙을 구체화하였다.

너와 나의 연관성?

난 너랑 모든 것이 잘 맞는 것 같아. 너와 난 떼려야 뗄 수 없는 연속성이 있나 봐.

뭔가 이상한데? 연속성이라면 우리가 이어져 있다는 거야?

어! 그런 의미가 아니고, 비슷한 말이 있었는데….

혹시 관계가 있다는 '연관성'을 말하고 싶은 거야?

맞아, 하하! 역시 난 너랑 연관성이 있어.

뭐가 연관성이 있다는 건지 난 전혀 모르겠다냥!

1. 이어지거나 지속되는 성질이나 상태를 뜻하는 말은?

① 발달성 ② 적극성 ③ 쾌속성 ④ 연속성

2. 사물이나 현상 간에 관련 있는 특성이나 성질을 (연속성, 연관성)이라고 한다.

모르냥의 하루

지층

알갱이의 크기·색·성분 따위가 서로 달라서 위아래의 퇴적암과 구분되는 퇴적암체

어휘교실

地	層
땅 **지**	층 **층**

교과서 속 어휘찾기

- **지층**을 이루고 있는 암석의 종류가 각각 다르기 때문에 **지층**마다 층의 모양뿐 아니라 색깔, 두께, 알갱이의 크기가 다르다.
- **지층**이 쌓이는 순서 실험으로 **지층**이 만들어지는 과정을 설명할 수 있다.
- **지층**에는 층마다 경계를 짓는 층리라는 선이 있다.

지층과 지하층?

엄마가 지층으로 내려가면 된다고 하셨는데, 지금 퇴적암이 쌓인 곳에 가라는 거야?

그 지층이 아니고, 건물에서 원래 층보다 낮은 위치에 있는 지하층을 말씀하신 거 아닐까? 글자가 같거든.

아하! 내가 과학 공부를 너무 많이 했더니 다 과학 어휘로 들리네.

난 먹는 데 관심이 많아 지층을 보면 샌드위치로 보이는데, 하하!

1. 알갱이의 크기 · 색 · 성분 따위가 서로 달라서 위아래의 퇴적암과 구분되는 퇴적암 체를 (　　　　　)(이)라고 한다.

2. 지층을 이루는 특징에 해당되지 <u>않는</u> 것은?

① 알갱이의 크기　② 알갱이의 색깔　③ 알갱이의 성분　④ 알갱이의 느낌

어쩌냥의 하루

지표면

지구의 표면. 또는 땅의 겉면

地	表	面
땅 **지**	겉 **표**	낯 **면**

교과서 속 어휘찾기

- 우리가 화석을 발견할 수 있는 것은 화석이 들어 있는 지층이 여러 과정을 거쳐 **지표면**이나 지표 근처로 이동했기 때문이다.
- 여름에는 햇볕이 강하여 **지표면**이 뜨거워진다.

지표면이 뜨거워지고 있다고?

큰일이야. 지구 온난화로 빙하가 녹으면서 해수면이 높아지고 있어.

지구 온난화는 왜 생기는 거냥?

온실 효과를 일으키는 온실 기체가 하늘로 올라가 지구를 둘러싸는 바람에 지표면 부근의 기온이 상승하는 거지. 요즘 석유, 가스, 석탄과 같은 화석 연료의 지나친 사용으로 온실 기체의 농도가 크게 증가하고 있다고 해.

1. 지표면이 의미하는 것은?

① 땅의 속면 ② 땅의 겉면 ③ 책의 속면 ④ 책의 겉면

2. 지구의 지표면이 가장 뜨거운 계절은?

① 봄 ② 여름 ③ 가을 ④ 겨울

괜찬냥의 하루

13 층층이

여러 층으로 겹겹이 쌓인 모양

어휘교실

層	層	이
층 **층**	층 **층**	

교과서 속 어휘찾기

- 말랑말랑한 비누 반죽에 작은 물체를 숨겨 나만의 **층층이** 비누를 만들어 본다.
- 오랜 세월 동안 자갈, 모래, 진흙 따위가 **층층이** 쌓여 굳어진 것을 지층이라고 한다.
- 단단한 돌이 어떻게 **층층이** 쌓였을지 생각해 본다.

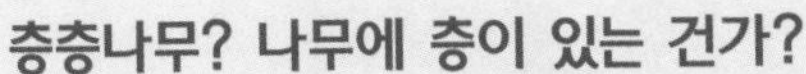

층층나무라는 게 있던데, 본 적 있냥?

응. 층층나무는 가지가 돌아가면서 수평으로 퍼져 층층으로 된데.

그래서 그런 이름을 붙인 건가? 어디에서 볼 수 있냥?

층층나무는 산지의 계곡 숲속에서 자라.

1. 한 층씩 여러 층으로 겹겹이 쌓인 모양을 뜻하는 말은?

① 층층이 ② 한층이 ③ 두층이 ④ 세층이

2. 다음 중 층층이 쌓인 것이 아닌 것은?

① 샌드위치 ② 햄버거 ③ 비빔밥 ④ 무지개떡

알갓냥의 하루

14 퇴적물

2. 지층과 화석

암석의 파편이나 생물의 유해 따위가 물, 빙하, 바람, 중력 따위의 작용으로 운반되어 땅 표면에 쌓인 물질

어휘교실

교과서 속 어휘찾기

- 퇴적암은 물이 운반한 자갈, 모래, 진흙 따위로 이루어진 **퇴적물**이 오랜 시간 동안 단단히 굳어져 만들어진다.
- 생물의 몸체나 흔적 위에 **퇴적물**이 빠르게 쌓여야 화석이 만들어진다.

퇴적물이 쌓여 퇴적암?

바다에도 퇴적물이 있다는 거 알아?

정말? 바다에 암석의 파편이나 생물의 유해가 어떻게 쌓이지?

오랜 세월에 걸쳐 바다 깊은 곳에 쌓이는 거지.

그럼 바다에도 퇴적암이 있겠네? 퇴적암은 퇴적 활동으로 생기는 암석이니까.

오! 어제는 책으로 퇴적물을 쌓더니, 너도 과학에 흥미가 있구냥!

1. 오랜 기간 암석의 파편이나 생물의 유해 따위가 땅 표면에 쌓인 물질은?

① 준비물　② 퇴적물　③ 강물　④ 바닷물

2. 퇴적물을 만드는 데 영향을 끼치는 것이 아닌 것은?

① 물　② 빙하　③ 바람　④ 책

어쩌냥의 하루

15 표본

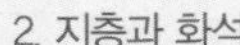

생물의 몸 전체나 그 일부에 적당한 처리를 가하여 보존할 수 있게 한 것

교과서 속 어휘찾기

- 돋보기로 여러 가지 화석 **표본**을 관찰해 본다.
- 화석 **표본**은 화석에 적당한 처리를 하여 보존할 수 있게 한 것이다.
- 화석 **표본**을 통해 과거에 살았던 생물의 모습을 알 수 있다.

표본과 박제는 뭐가 다른 거야?

어제 동물 박물관에 갔었는데, 나비 표본의 나비가 살아 있는 것 같더라.

독수리 박제는 살아 있는 독수리인 줄 알고 기절할 뻔했지 뭐야!

표본은 알겠는데 박제는 뭐냥?

'박제'는 동물의 가죽을 곱게 벗기고 썩지 않도록 한 뒤에 솜이나 대팻밥 따위를 넣어 살아 있을 때와 똑같이 만드는 것을 말해.

우리가 가까이에서 자세히 관찰할 수 있어서 좋은데, 좀 무섭긴 하다.

1. 생물의 몸 전체나 그 일부에 적당한 처리를 가하여 보존할 수 있게 한 것은?

① 표범 ② 표백제 ③ 표본 ④ 표창

2. 다음 중 표본으로 만들기에 적당하지 않은 것은?

① 식물 ② 동물 ③ 곤충 ④ 지구

예뻐냥의 하루

16 화석

지질 시대에 생존한 동식물의 유해와 활동 흔적 따위가 퇴적물 중에 매몰된 채로 또는 지상에 그대로 보존되어 남아 있는 것을 통틀어 이르는 말

어휘교실

化 石

될 **화** 돌 **석**

교과서 속 어휘찾기

- **화석**을 이용하면 옛날에 살았던 생물이나 그 지역의 환경에 대한 여러 가지 정보를 알 수 있다.
- **화석**이 되려면 생물이 퇴적물 속에 빨리 묻히고, 딱딱한 부분(뼈, 이, 껍질 등)이 있어야 하며, 암석화 작용을 받아야 한다.

호박 화석이 있다고?

으악! 보석에 곤충이 들어 있어.

그건 보석이 아니라 호박 화석이야.

호박 화석? 호박은 된장찌개에 넣는 거 아니냥?

여기에서 '호박'은 먹는 호박이 아니고, 나무에서 나온 송진이 굳어서 단단하게 변한 것을 말해. 송진에 빠져 죽음을 맞이한 곤충이 옛날 모습 그대로 호박 속에 담기면 호박 화석이 되는 거지.

호박 화석은 아름다운데, 곤충을 생각하니 마음이 아프구나!

1. 화석이 되려면 생물이 퇴적물 속에 (빨리, 천천히) 묻혀야 한다.

2. 다음 중 화석으로 볼 수 없는 것은?

① 공룡 뼈 ② 식물의 잎 ③ 내 발자국 ④ 조개 껍데기

알갓냥의 하루

냥냥이의 서술어 충전소

굳다

클레이로 만든 작품은 시간이 지나면 딱딱하게 되지? 그럴 때 우리는 '굳다'라고 표현해. 그 외에도 먹다 남은 떡이나 밥알이 딱딱해지는 것도 굳는 거야. 가끔 친구의 표정이 너무 굳었다고 말할 때도 있는데, 이럴 때는 긴장했다는 의미야.

서술어 친구들

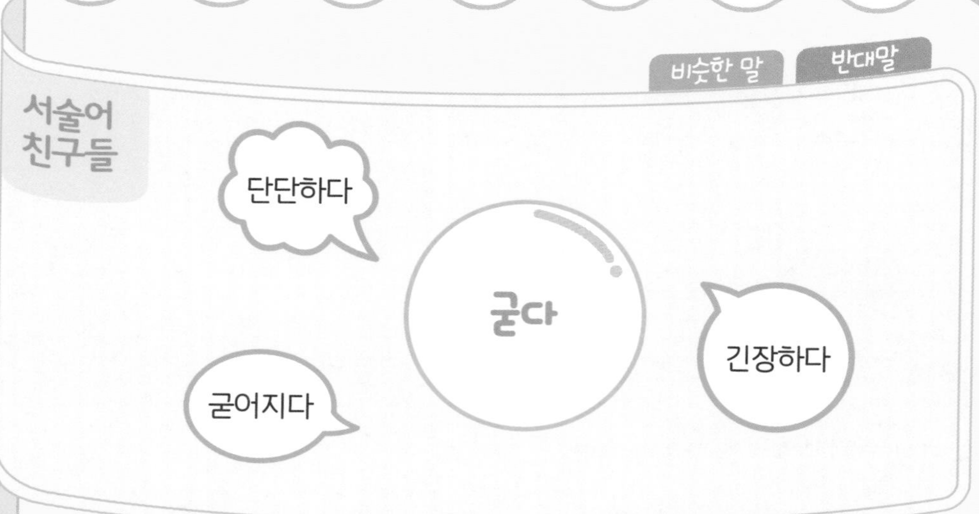

개념어랑 서술어랑

퇴적물 + 굳다

자갈, 모래, 진흙 따위가 물이나 바람에 부서지고 운반되어 쌓인 것을 퇴적물이라고 해. 그리고 퇴적물이 쌓인 후 오랜 시간이 지나면 굳어져 단단한 암석이 되는데, 이를 퇴적암이라고 하지.

얕다

수영장에는 수심이 얕은 곳과 깊은 곳이 표시되어 있고, 밑에서 위까지의 길이가 짧은 것을 '얕다'라고 해. 때때로 지식의 정도, 즉 아는 수준이 낮거나 약할 때도 얕다고 말하지. 우리는 수영장의 얕은 곳에서 놀아야 하지만, 우리의 지식은 얕지 않도록 노력하자!

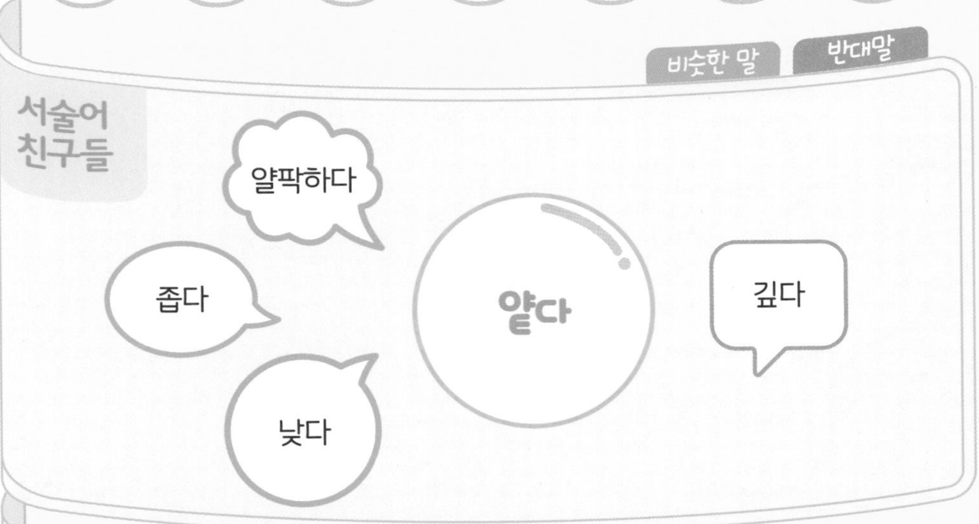

개념어랑 서술어랑

발굴, 화석 + 얕다

화석을 발굴하는 작업은 결코 쉽지 않아. 화석이 얕은 곳에 묻혀 있으면 좋겠지만, 아주 깊은 곳에 있는 경우가 더 많거든. 또 발굴하다가 화석이 깨지기도 하므로 얕은 곳부터 조심히 작업해야 해.

서술어 충전소

어긋나다

맞물려서 딱 맞는 느낌이 드는 것들이 있지? 그런데 가끔은 맞지 않는 경우가 있어. 한 손의 엄지손가락과 다른 손의 검지손가락이 계속 맞닿게 하는 놀이가 있는데, 조금만 잘못해도 어긋나거든. 이처럼 맞지 않거나 일정한 기준에서 벗어나는 것을 '어긋나다' 라고 해.

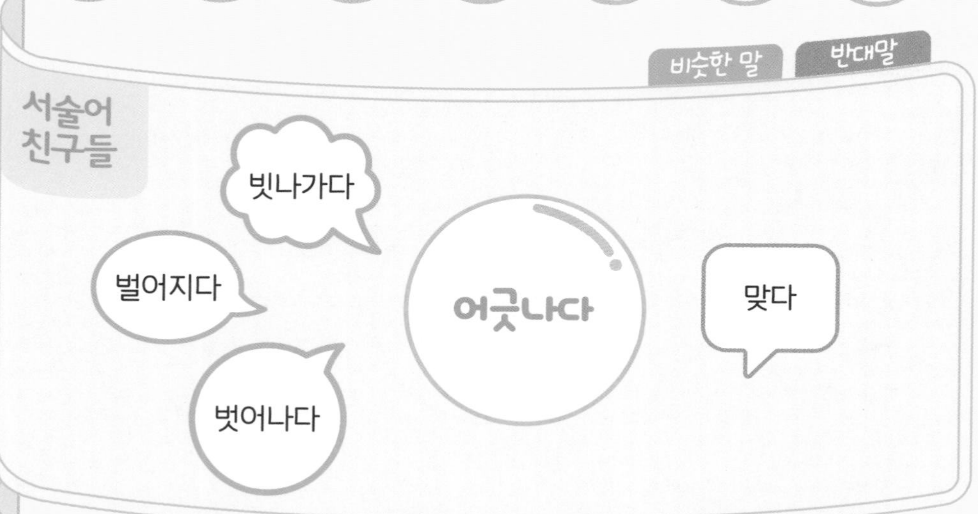

개념어랑 서술어랑

지층, 층층이 + 어긋나다

지층은 시간이 지나면서 차곡차곡 층층이 쌓여. 그런데 이런 지층에 오랜 시간 양쪽으로 미는 힘이 계속 주어지면 결국 이 지층은 끊어지고 어긋나게 되지. 그러면서 지진이 일어나기도 해.

엉겨붙다

걸쭉한 액체 따위가 한데 뭉쳐 굳어지면서 서로 붙는 걸 '엉겨붙다'라고 해. 가끔 오랫동안 떠돌이 생활을 하던 유기견들의 털을 떠올리면 엉겨붙은 게 어떤 건지 쉽게 알 수 있겠지?

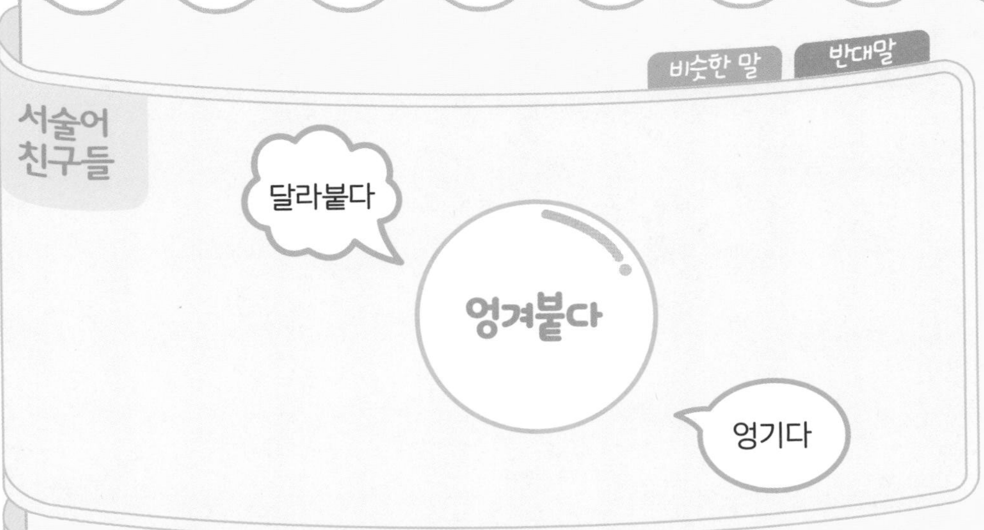

개념어랑 서술어랑

퇴적물 + 엉겨붙다

퇴적물에 물 풀을 넣어 굳히면 퇴적암 모형을 만들 수 있어. 물 풀은 퇴적물 알갱이 사이의 공간을 채워 서로 엉겨붙게 하는 역할을 하지. 실제 물속에서는 여러 가지 물질에 의하여 알갱이들이 서로 엉겨붙어.

3. 식물의 한살이

무엇을 배우나요?

3단원에서는 우리 주변에서 쉽게 볼 수 있는 식물을 중심으로 생김새와 특징을 알아보고, 사는 곳에 따라 생김새와 생활 방식이 환경과 어떻게 관련되어 있는지 탐구하는 기회를 가질 거예요. 이를 통해 식물의 다양성을 이해하고 실생활과 깊은 관련이 있음을 배울 수 있어요.

개념어
새순
종자
인공
수확
떡잎
재배
유성
본잎
꼬투리
탈지면
영구
서술어
늘어서다
나란하다
살펴보다
미치다

17 꼬투리

콩과 식물의 씨앗을 싸고 있는 껍질

강낭콩의 꽃이 진 자리에 생기는 열매를 **꼬투리**라고 한다.
꼬투리 속에 들어 있는 강낭콩은 사실 강낭콩의 **씨**이다.

교과서 속 어휘찾기

- 강낭콩의 꽃이 진 자리에 열매인 **꼬투리**가 생긴다.
- **꼬투리**가 자라면서 그 속에 들어 있는 강낭콩의 크기도 점점 커진다.
- **꼬투리**가 다 자라서 마르면 터지면서 그 속에 있던 강낭콩이 **꼬투리** 밖으로 나온다.

꼬투리 잡다?

너 왜 자꾸 내 말에 꼬투리 잡는 거야? 상대방이 하는 말이나 행동에 대해 트집을 잡는 꼬투리는 안 좋은 거야.

미안. 나도 모르게 그만!

앗! 너 꼬투리 잡혔어.

어? 나 이번에는 아무 말도 안 했는데?

너 혼자 초콜릿 먹으려는 거 내가 다 봤지롱! 어떤 일이 발생한 실마리를 잡았을 때도 꼬투리라는 어휘를 써.

1. 콩과 식물의 씨앗을 싸고 있는 껍질은?

① 코다리　　② 꼬투리　　③ 까투리　　④ 꼬꼬닭

2. 강낭콩 꼬투리 안에 들어 있는 것은 (강낭콩, 완두콩) 씨이다.

예뻐냥의 하루

떡잎

씨앗에서 움이 트면서 최초로 나오는 잎

어휘교실

떡잎은 보통의 잎과 형태가 다르고, 양분을 저장하고 있는 것이 있다. 그리고 **외떡잎식물**은 떡잎이 한 장, **쌍떡잎식물**은 보통 떡잎이 두 장이다.

교과서 속 어휘찾기

- 딱딱하던 강낭콩이 부풀어 뿌리가 나오고, 껍질이 벗겨지며 **떡잎**이 나온다.
- 강낭콩이 싹 틀 때에는 뿌리가 먼저 나오고, 땅위로 **떡잎**이 두 장 나온다. 그리고 **떡잎** 사이로 본잎이 나와 자란다.

외떡잎식물과 쌍떡잎식물은 뭐가 달라?

강낭콩과 옥수수의 싹이 텄는데, 어떤 화분에 뭘 심었는지 모르겠다냥.

떡잎이 두 장 나온 것이 강낭콩, 떡잎이 한 장 나온 것이 옥수수야. 강낭콩은 떡잎이 두 장인 쌍떡잎식물이고, 옥수수는 떡잎이 한 장인 외떡잎식물이거든.

또 헷갈릴 수 있으니 이름표를 붙여야겠다냥!

쌍떡잎식물은 형성층이 있어서 부피 생장을 하고 원뿌리에 곁뿌리가 붙지만, 외떡잎식물은 형성층이 없어 줄기가 굵어지지 않고 수염뿌리를 가져.

1. 씨앗에서 처음으로 나오는 잎의 이름은?

① 단풍잎 ② 은행잎 ③ 떡잎 ④ 나뭇잎

2. 떡잎이 두 장인 식물을 쌍떡잎식물이라고 한다. (O, X)

머라냥의 하루

19 새순

새로 돋아나는 순

어휘교실

새 筍

죽순 **순**

새순의 **'새'** 는 새롭다는 의미로, **새순**과 **순**(筍, 죽순 순)은 같은 뜻이다.

교과서 속 어휘찾기

- 적당한 크기로 자랄 때까지 **새순**이 나오고 자라는 과정을 몇 해 동안 반복한다.
- 줄자를 이용하여 줄기가 흙 위로 처음 나온 부분부터 **새순**이 난 바로 아래까지의 길이를 잰다.

새순과 새싹은 다른 거야?

봄에는 새순이 돋고, 새싹도 자라서 정말 좋아.

새순과 새싹은 다른 거야?

여러해살이 식물이 겨울을 보낸 뒤 봄에 새로 돋아나는 순을 '새순'이라고 해. '새싹'은 씨앗이 자라 새로 나온 싹을 말하고.

그럼 새싹은 그 식물에서 딱 한 번 나오지만, 새순은 여러 번 나오겠네!

역시 하나를 알려 주면 둘을 안다냥!

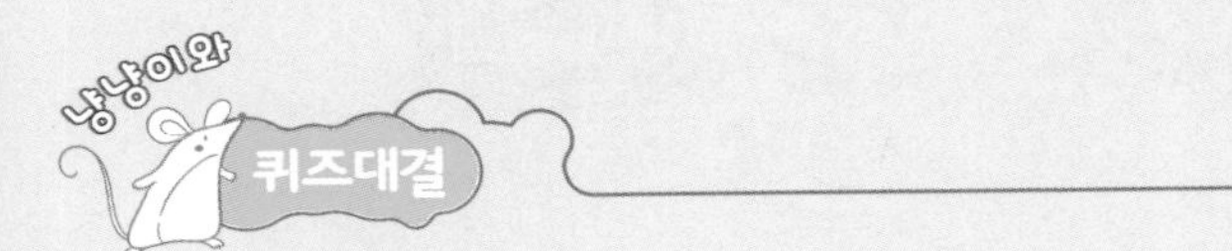

1. 새로 돋아나는 순은?

① 헌순 ② 삼순 ③ 새순 ④ 오순도순

2. 새순의 '새'와 같은 의미를 가진 어휘는?

① 참새 ② 새 신발 ③ 새참 ④ 새우

괜찮냥의 하루

수확

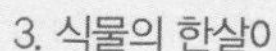

익은 농작물을 거두어들임. 또는 거두어들인 농작물

收	穫
거둘 **수**	거둘 **확**

교과서 속 어휘찾기

- 밭에서는 체를 사용하여 흙 속에 있는 감자를 쉽게 분리해 **수확**하기도 한다.
- 갓 **수확**한 곡식을 키에 담아 키질을 하는 까닭을 알아본다.
- 가을철은 비가 적어야 농작물의 결실과 **수확**에 유리하다.

수확이 많은걸!

딸기 따기 체험하러 오니까 정말 좋아.

한 바구니에 수확한 것들을 가득 담을 수 있대!

나는 잘 익은 것들로 가득 담을 거야.

나는 바구니가 필요 없어. 와구와구!

너는 뱃속으로 수확하는구나!

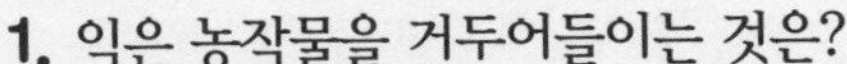

1. 익은 농작물을 거두어들이는 것은?

① 수확　　② 수도　　③ 수박　　④ 수컷

2. 다음 중 수확할 수 <u>없는</u> 것은?

① 감자　　② 고구마　　③ 고추　　④ 레고

어쩌냥의 하루

21 본잎

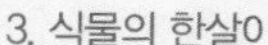

떡잎 뒤에 나오는 잎

本 잎

근본 **본**

교과서 속 어휘찾기

- 싹 튼 강낭콩은 땅 위로 떡잎이 나오고 줄기가 굵어지며 떡잎 사이에서 **본잎**이 나온다.
- 강낭콩이 싹 터서 자라는 과정을 살펴보면 뿌리가 먼저 나온 뒤에 땅 위로 떡잎 두 장이 나오고, 떡잎 사이에서 **본잎**이 나온다.

잎에 구조가 있다고?

이 잎을 부채로 써야지!

넓적한 잎몸과 길쭉한 잎자루를 보니 딱 부채 모양이네.

잎몸과 잎자루라고? 작은 잎에도 구조가 있는 거냥?

잎몸은 햇빛을 받기 쉽도록 편평한 모양으로 되어 있어. 잎몸에 있는 잎맥은 잎의 형태를 유지해 주며, 물을 전달해 줘. 또 잎자루는 잎몸과 줄기를 연결하는 부분으로, 잎자루와 줄기가 만나는 곳에 턱잎이 달리기도 하지.

내가 좋은 부채 보는 눈이 있군.

1. 떡잎 뒤에 나오는 잎을 부르는 말은?

① 깻잎 ② 솔잎 ③ 새잎 ④ 본잎

2. 다음 중 잎을 이루고 있는 구조가 아닌 것은?

① 잎몸 ② 잎맥 ③ 떡잎 ④ 잎자루

알갓냥의 하루

22 영구

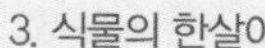

어떤 상태가 시간상으로 무한히 이어짐

어휘교실

永 久

길 **영** 오랠 **구**

교과서 속 어휘찾기

- 경상북도 봉화군 국립백두대간수목원에는 씨를 **영구**적으로 보관할 수 있는 시설이 있다.
- 식물의 씨를 장기적으로 저장하는 종자은행은 많지만 **영구**적으로 보관하는 시설은 드물다.

영구와 영원은 비슷해?

오늘 씨드뱅크에 다녀왔어.

무슨 은행이라고? 처음 듣는데?

씨드뱅크(Seed Bank)는 말 그대로 씨앗을 보관하는 은행이야. 식물에 이상이 생겼을 때 다시 발아시켜 식물을 복원할 수 있게 만든 것이지. 영구적으로 보관할 수도 있고.

영원히 보관할 수는 없는 거냥?

하하! 영구는 영원과 비슷한 말이야. 두 어휘 모두 시간상으로 끝없이 이어지는 것을 말하지.

1. 끝이 없이 무한히 이어지는 상태를 의미하는 것은?

① 축구　　② 농구　　③ 야구　　④ 영구

2. 씨드뱅크는 (씨앗, 식물)을 보관하는 은행이다.

괜찬냥의 하루

23 유성

기름의 성질

어휘교실

교과서 속 어휘찾기

- 용수철의 늘어난 길이를 **유성** 펜으로 플라스틱 관에 표시한다.
- 세 번째 유리컵에는 3g을 넣고 각각 발생하는 탄산수 거품의 최고 높이를 **유성** 펜으로 표시한다.

유성과 수성의 차이점은?

어쩌냥! 교과서에 쓴 이름이 자꾸 번져.

수성 펜으로 써서 그래. 유성 펜을 써 봐. 유성 펜의 필기감은 수성 펜에 비해 떨어지지만, 물에 잘 번지지 않아.

그렇게 좋은 방법을 왜 이제야 얘기하는 거냥!

네가 물어보지도 않았잖아.

물건에 이름을 쓸 때에는 수성인 사인펜이 아니라 유성인 네임펜! 잊지 않겠다냥! 하하!

1. (수성, 유성) 펜은 물에 잘 번지지 않는다.

2. 유성은 (물, 기름)의 성질이다.

머라냥의 하루

24 인공

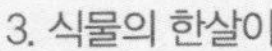

사람의 힘으로 자연에 대하여 가공하거나 작용을 하는 일

어휘교실

人	工
사람 **인**	장인 **공**

교과서 속 어휘찾기

- 눈에 먼지나 작은 벌레가 들어갔을 때 **인공** 눈물이나 물을 이용해 씻어 낸다.
- 앞으로 식물 공장에서는 식물이 자라는 데 알맞은 환경을 자동으로 맞추어 주는 시스템이나 **인공** 지능 로봇 따위의 최신 과학 기술을 적극 활용할 것이다.

인공 식물 재배기가 있다고?

앗! 냉장고에 식물이 있네? 다 얼어죽겠어. 빨리 꺼내 주자.

하하! 그건 인공 지능 식물 재배기야. 인공 지능 기술을 활용하여 식물을 손쉽게 재배하는 거지.

우아! 과학 기술은 정말 대단해. 점점 더 인공으로 하는 게 많아지고 있어.

이러다가 인공 고양이까지 나오는 건 아니겠지?

그건 나도 싫은데. 난 자연의 냥이로 자손을 남겨야지.

1. 사람의 힘으로 자연에 대하여 가공하거나 작용을 하는 일은?

① 인공 ② 자동 ③ 천연 ④ 우연

2. 다음 중 인공과 어울리지 <u>않는</u> 어휘는?

① 호흡 ② 지능 ③ 관절 ④ 부모님

예뻐냥의 하루

재배

식물을 심어 가꿈

栽	培
심을 **재**	북을 돋울 **배**

교과서 속 어휘찾기

- 온실에서 키운 딸기는 온실 바깥에서 **재배**한 것보다 잘 자라고 열매가 빨리 열린다.
- 식물 공장이 있으면 식물이 자라기 어려운 환경에서도 식물을 **재배**할 수 있다.

재배? 제배?

이번에는 반드시 토마토 제배에 성공할 거야.

'제배'는 나이나 신분이 서로 같거나 비슷한 사람을 말해. 식물을 키울 때는 '재배'라고 쓰는 게 맞아.

아, 우리 사이가 제배인 거구나!

1. 식물을 심어 가꾸는 것은?

① 재래　　② 재배　　③ 제기　　④ 제사

2. 온실에서 키운 딸기는 온실 바깥에서 재배한 것보다 열매가 빨리 열린다.

(O, X)

모르냥의 하루

26 종자

식물에서 나온 씨 또는 씨앗

어휘교실

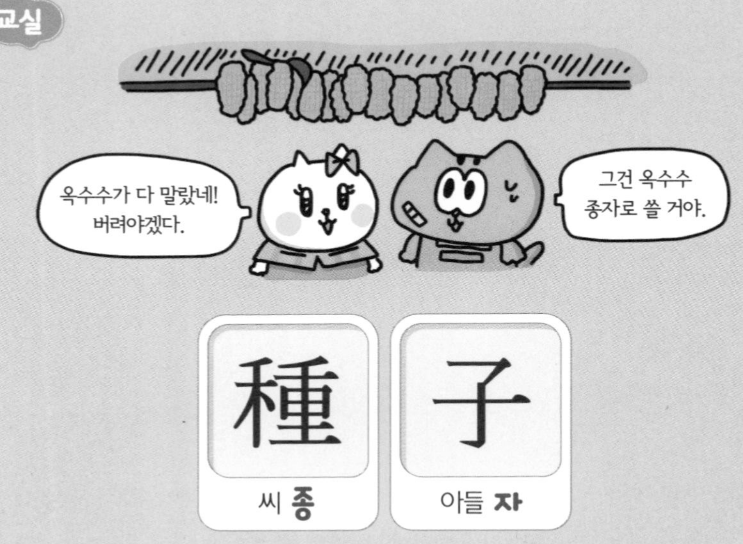

교과서 속 어휘찾기

- 식물의 씨를 장기적으로 저장하는 **종자** 은행은 많지만 영구적으로 보관하는 시설은 드물다.
- 씨를 보관하는 시설을 **종자** 저장고라고 하는데, **종자**는 씨를 말한다.

동물에도 종자가 있다고?

종자는 씨앗을 의미하니까, 식물에만 쓸 수 있지?

동물의 혈통이나 품종 또는 그로부터 번식된 새끼에도 종자라는 어휘를 써.

그럼 나는 종자가 예쁜 고양이라고 할 수 있겠네.

그런데 사람의 혈통을 낮잡아 부르는 말이어서 사람에게는 쓰지 않는대. 그래서 앞으로는 우리 냥냥이 친구들에게도 쓰지 않으려고. 하하!

1. 식물에서 나온 씨를 뜻하는 말은?

① 주전자 ② 종자 ③ 여자 ④ 남자

2. '종자'라는 어휘는 동물에 쓸 수 없다. (O, X)

예뻐냥의 하루

탈지면

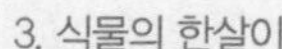

불순물이나 지방 따위를 제거하고 소독한 솜

교과서 속 어휘찾기

• 페트리 접시 위에 **탈지면**을 깔고 강낭콩을 각각 올려놓은 뒤, 한쪽 페트리 접시에만 물을 주어 젖게 한다.

• 물을 적신 **탈지면**을 깔아 놓은 페트리 접시에서 싹이 튼 강낭콩의 겉모양과 속 모양을 관찰해 본다.

탈지? 탈피?

우리 집 도마뱀의 껍질이 벗겨졌어. 탈지면으로 소독해 줘야겠지?

어떡하냥! 도마뱀이 다친 거야? 껍질이 벗겨지다니….

그건 아니야. 파충류나 곤충류 따위는 성장함에 따라 허물이나 표피를 벗는데 그것을 탈피라고 해. 도마뱀이 잘 성장하고 있는 거니까 탈지면으로 소독할 필요는 없어.

아픈 게 아니라니 다행이다. 잘 자랐으면 좋겠어.

1. 불순물이나 지방 따위를 제거하고 소독한 솜은?

① 라면　　② 탈지면　　③ 자장면　　④ 솜사탕

2. 파충류나 곤충류 따위가 성장함에 따라 허물이나 표피를 벗는 것을 (탈지, 탈피) 라고 한다.

어쩌냥의 하루

냥냥이의 서술어 충전소

나란하다

신발을 정리할 때에는 한 짝씩 따로 두지 않고 두 짝을 가지런히 나란하게 놓아야 해. 이처럼 여럿이 줄지어 늘어선 모양이 가지런한 것을 '나란하다' 라고 해.

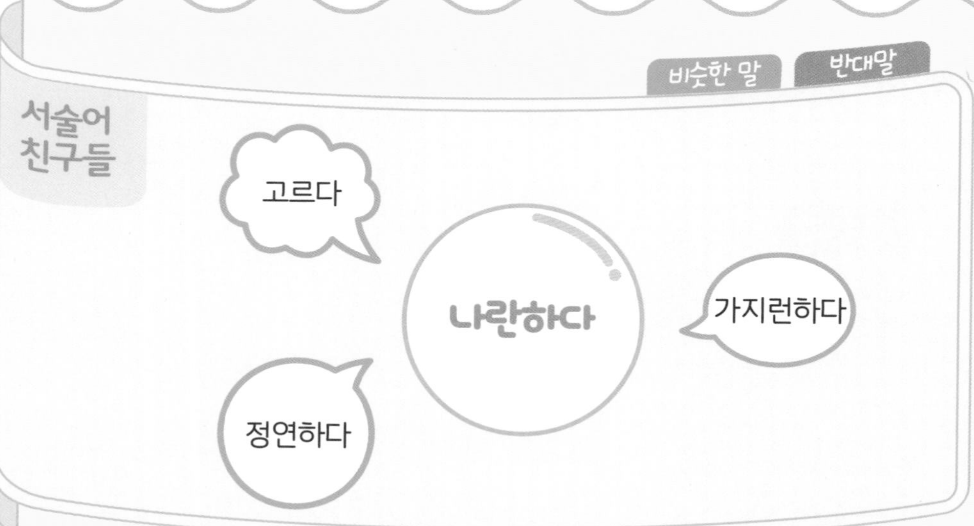

개념어랑 서술어랑

새순, 재배 + 나란하다

식물을 재배해 보려고 화분에 토마토 씨앗을 심었어. 일주일쯤 지나니 나란하게 줄지어 새순이 돋더라고. 이제 쑥쑥 자랄 일만 남았어.

늘어서다

코비드 19 관련으로 검사를 받기 위해 끝도 없이 늘어선 줄을 본 적 있을 거야. 아니면 놀이공원에서 놀이기구를 타기 위해 길게 늘어선 줄을 봤을 수도 있고. 이처럼 길게 줄지어 서는 것을 '늘어서다' 라고 해.

비슷한 말 반대말

서술어 친구들

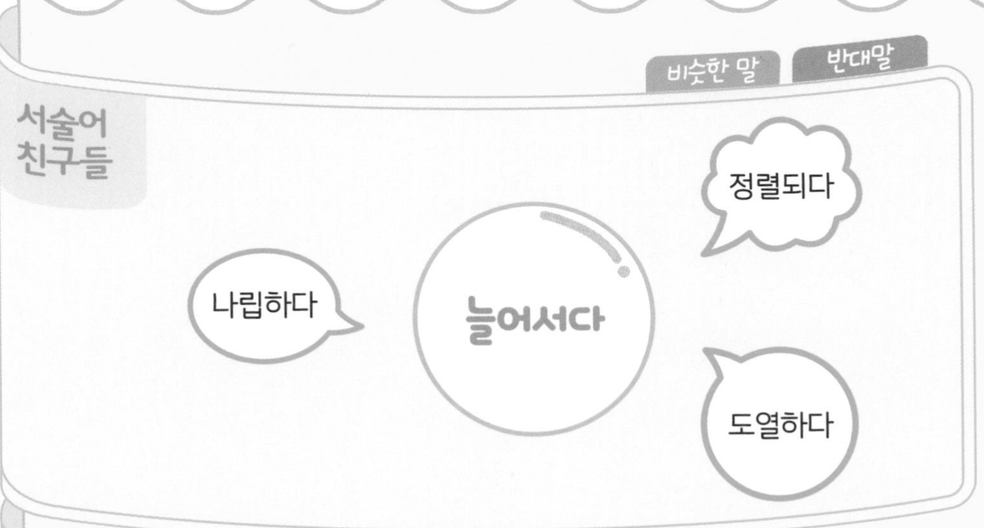

개념어랑 서술어랑

영구, 유성 + 늘어서다

이번 BTS 사인회에도 엄청 많은 사람들이 늘어서겠지? 난 이번에 유성 펜을 준비해 갈 거야. 우리 멋진 BTS 사인은 영구 보존해야 하니까.

미치다

'미치다'는 정신에 이상이 생겨 말과 행동이 보통 사람과 다르게 되는 걸 말해. 그런데 다른 의미도 있어. 이번에 말하려는 '미치다'는 영향이나 작용 따위가 대상에 가하여지는 것을 말해. 광고를 보면 그 물건이 사고 싶지? 왜냐하면 우리가 보는 광고는 무의식적으로 우리에게 큰 영향을 미치니까!

개념어랑 서술어랑

인공 + 미치다

이세돌 9단과 알파고의 대국처럼, 현재 인공 지능은 인간의 삶에 많은 영향을 미치고 있어. 인공 지능의 성능이 향상됨에 따라 그것의 위협을 우려하는 의견도 있지만 말이야.

살펴보다

대충 훑어보는 게 아니라 자세히 볼 때가 있지? 잃어버린 물건을 찾으려면 두루두루 자세히 보게 될 텐데, 그럴 때 '살펴보다'라고 해. 두루두루 자세히 보는 것을 의미하는 어휘야.

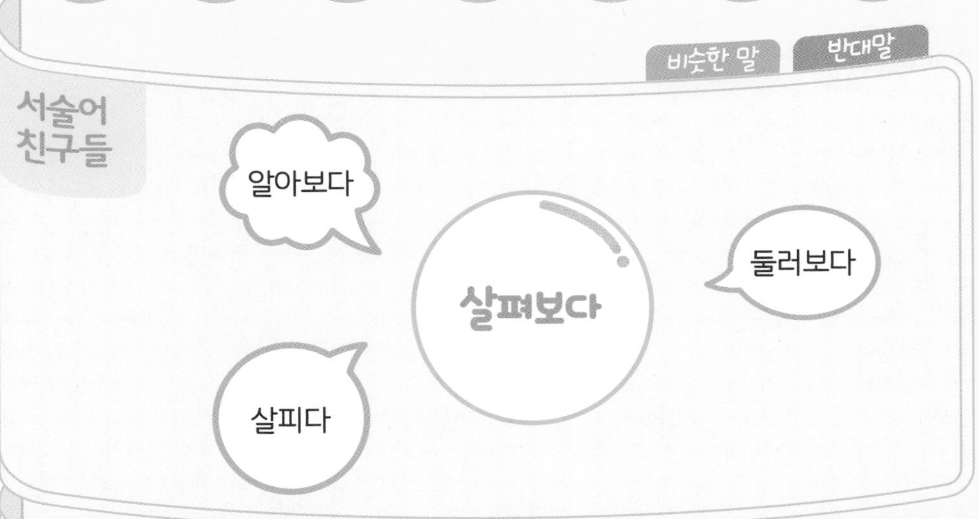

개념어랑 서술어랑

꼬투리, 떡잎, 본잎 + 살펴보다

강낭콩을 심고 관찰 일기를 쓰는 중이라 강낭콩을 자세히 살펴봐야 해. 지금 보니 넓적한 본잎이 나와 있고, 떡잎은 시드는 중이야. 곧 꽃도 피고, 꼬투리도 맺히겠지?

4. 물체의 무게

무엇을 배우나요?

4단원에서는 일상생활에서 경험하는 무게에 대해 과학적으로 탐구하면서 무게 측정의 필요성을 배우게 돼요. 저울을 이용하여 무게를 정확하게 측정하는 법을 배우고, 수평잡기 활동과 용수철저울로 물체의 무게를 재는 원리를 공부할 수 있어요.

개념어
단위
중력
수평
추
분동
받침점
범위
용수철
서술어
매달다
고정하다
반복하다
기울다

단위

길이, 무게, 수효, 시간 따위의 수량을 수치로 나타낼 때 기초가 되는 일정한 기준

어휘교실

교과서 속 어휘찾기

- 무게의 **단위**는 kg중, g중 따위를 사용해 나타내고, '킬로그램중', '그램중'이라고 읽는다.
- 용수철저울의 고리에 물체를 걸고 표시자가 가리키는 눈금의 숫자를 **단위**와 같이 읽는다.

그램? 근?

할머니께서 정육점에서 소고기 한 근을 사 오라고 하셨는데, '그램'도 아니고 '근'이라니, 도대체 '근'이 뭐냥?

하하! 근도 무게의 단위야. 고기 한 근은 600그램중을 말해. 예전에는 근이라는 단위를 많이 사용했대.

와! 단위에는 여러 가지가 있구나!

1. 수량을 수치로 나타낼 때 기초가 되는 일정한 기준은?

① 단짝 ② 단위 ③ 범위 ④ 대위

2. kg중, g중은 (길이, 무게)의 단위이다.

알갓냥의 하루

29 받침점

물체를 떠받치는 지렛대를 괸 고정된 점

교과서 속 어휘찾기

- 무게가 같은 두 물체를 **받침점**에서 같은 거리에 놓으면 판이 수평을 이룬다.
- 수평대로 두 물체의 무게를 비교하려면 물체를 각각 **받침점**으로부터 같은 거리의 나무판자 위에 놓아야 한다.

받치다? 바치다?

나 손가락 하나로 접시 잘 돌리지?

깨지면 어떻게 해. 위험하잖아!

걱정 마! 플라스틱 접시야. 그리고 내가 바침점을 잘 찾았다고.

바침점이 아니라 받침점이겠지? 신이나 웃어른께 정중하게 무언가를 드릴 때 '바치다'라고 해. 물건의 밑이나 옆에 다른 물체를 대는 것은 '받친다'라고 하고.

쳇! 나도 다 안다고! 잠깐 실수했을 뿐이야.

1. 물체를 떠받치는 지렛대를 괸 고정된 점은?

① 연결점　② 장단점　③ 책받침　④ 받침점

2. 다음 중 받침점을 찾을 수 있는 놀이기구는?

① 그네　② 시소　③ 미끄럼틀　④ 정글짐

어쩌냥의 하루

30 범위

일정하게 한정된 영역

어휘교실

範 법 **범**

圍 에워쌀 **위**

교과서 속 어휘찾기

- 용수철저울의 눈금을 보고, 측정할 수 있는 무게의 **범위**를 확인한다.
- 물체의 무게를 재기 전에 어느 정도 **범위**의 무게를 측정해야 하는지, 어떤 방법으로 무게를 재면 편리할지 따위를 확인한다.

범위에서? 범위 내에서? 어떤 게 맞아?

오늘은 내가 아는 범위 내에서 설명해 줄게!

노노! 네 설명은 안 들을래! 이미 '범위 내에서'라는 말부터 틀렸잖아!

그게 무슨 말이야?

범위라는 건 테두리가 정해진 구역이어서, '범위 내에서'라고 쓰면 중복된 표현이야. '범위에서'라고 써야 맞는 표현이지.

1. 일정하게 한정된 영역은?

① 키위　　② 지위　　③ 가위　　④ 범위

2. 용수철저울에 물체를 매달기 전, 용수철저울의 눈금을 보고 측정할 수 있는 무게의 (　　　　)을/를 확인한다.

모르냥의 하루

분동

천평칭(天平秤)이나 대저울 따위로 무게를 달 때, 무게의 표준이 되는 추

어휘교실

교과서 속 어휘찾기

- 저울을 다룰 때에는 보통 물체는 왼쪽 접시에 놓고 분동은 오른쪽 접시에 놓는다.
- 이 저울은 받침대와 저울대를 끈으로 고정하고 저울대의 양 끝에 끈으로 접시를 걸어 물건과 분동을 올려놓는 방식이다.

분동을 집을 때는 핀셋을 이용해

으악! 분동을 손으로 잡으면 안 돼!

왜?

분동을 손으로 잡으면 분동에 손의 이물질이 묻어 부식되거나, 이물질 때문에 분동의 질량이 변할 수 있어서 정확한 측정이 어려울 수 있어.

힝! 그럼 어떻게 해. 만질 수도 없고.

핀셋이 있잖아. 핀셋으로 집으면 돼.

1. 무게를 잴 때 사용하는 무게의 표준이 되는 추는?

① 분동 ② 분필 ③ 분자 ④ 분통

2. 분동을 집을 때 이용하는 것은?

① 손 ② 핀셋 ③ 젓가락 ④ 가위

알갓냥의 하루

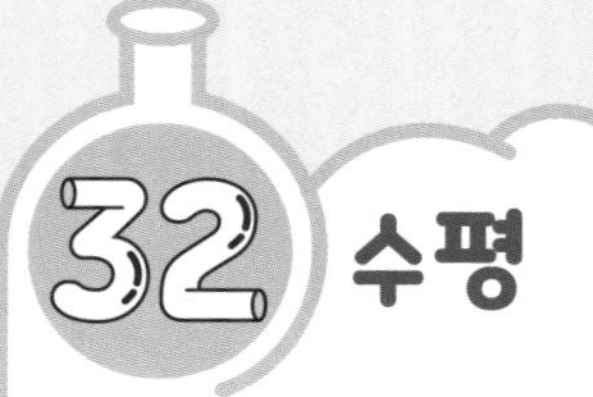

수평

기울지 않고 평평한 상태

水 平

물 **수** 평평할 **평**

교과서 속 어휘찾기

- 눈금실린더의 눈금은 액체의 가운데 오목한 부분과 눈높이가 **수평**이 되게 하여 읽는다.
- 양팔저울은 **수평** 잡기를 이용해 물체의 무게를 비교하거나 측정할 수 있는 저울이다.

수평과 수직

수평으로 잘 쌓아올려야 해. 알았지?

너 혹시 수직으로 쌓으라는 말을 잘못한 거 아니냥?

어? 위로 쌓는 게 수평 아니야?

수평은 평평한 상태, 수직은 똑바로 세워진 상태야. 수학적으로 직선과 직선, 직선과 평면, 평면과 평면 따위가 서로 만나 직각을 이루는 상태가 수직이야.

1. 기울지 않고 평평한 상태는?

① 수치 ② 세로 ③ 수직 ④ 수평

2. 직선과 직선, 직선과 평면, 평면과 평면 따위가 서로 만나 직각을 이루는 상태를 수평이라고 한다. (O, X)

예뻐냥의 하루

용수철

늘고 주는 탄력이 있는 나선형으로 된 쇠줄

龍	鬚	鐵
용 **룡(용)**	수염 **수**	쇠 **철**

교과서 속 어휘찾기

- **용수철**은 물체의 무게 변화에 따라 일정하게 늘어나거나 줄어드는 성질이 있다.
- **용수철**저울은 물체의 무게에 따라 길이가 일정하게 늘어나는 **용수철**의 성질을 이용하여 만든 저울이다.

탄력이 용수철의 성질이라고?

우아! 스카이 콩콩 정말 재미있어. 이렇게 높이 오를 수도 있고. 그런데 어떻게 이렇게 위로 잘 튀어 오르냥?

용수철의 탄력 때문이야. 용수철은 밖에서 힘을 받으면 원래의 형태로 돌아가려고 하거든.

힘을 받아 줄어들었다가 다시 원래 상태로 돌아가는 거구나!

역시! 어쩌냥은 내가 어떻게 말해도 금방 이해하네.

1. 다음 중 늘고 주는 탄력이 있는 쇠줄은?

① 고무줄　　② 고철　　③ 용수철　　④ 머리끈

2. (윗접시, 용수철)저울은 물체의 무게에 따라 길이가 일정하게 늘어나는 용수철의 성질을 이용하여 만든 저울이다.

괜찮냥의 하루

중력

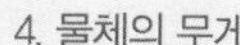

지구 위의 물체가 지구로부터 받는 힘

어휘교실

重	力
무거울 **중**	힘 **력(역)**

교과서 속 어휘찾기

- 지구가 아주 멀리 떨어진 우주 공간에 있는 우주선 안에서는 똑바로 설 수도 없고 걸을 수도 없으며 물체를 들어도 무게를 느낄 수 없다. 그 까닭은 지구가 물체를 잡아당기는 힘인 **중력**이 없기 때문이다.
- 회전하는 놀이기구처럼 우주선의 일부분이 회전하면 인공 **중력**을 만들 수 있다.

무게와 질량의 다른 점은?

달에서는 몸무게가 6분의 1로 줄어드는 거 알고 있냥?

정말? 그러면 달에서는 고기 한 근의 양도 줄어들겠네. 그건 싫은데.

하하! 걱정 마. '질량'은 물체 고유의 변하지 않는 양으로, 그 값이 달라지지 않아. 그런데 '무게'는 중력이 물체를 끌어당기는 힘의 크기를 말하기 때문에 장소에 따라 달라지는 거야.

어쨌든 이제부터 나는 몸무게는 달에서만 잴 거야.

1. 지구 위의 물체가 지구로부터 받는 힘은?

① 중심 ② 중력 ③ 중고 ④ 압력

2. (무게, 질량)은/는 장소에 따라 그 값이 달라진다.

모르냥의 하루

35 추

저울대 한쪽에 걸거나 저울판에 올려놓는, 일정한 무게의 쇠

어휘교실

錘

저울추 **추**

교과서 속 어휘찾기

- 용수철에 무게가 같은 추를 한 개씩 더 걸면 용수철의 길이가 늘어난다.
- 용수철 끝의 고리에 무거운 추 한 개를 걸고, 용수철 끝에 종이 자의 눈금 '0'을 맞춘다.
- 매다는 추의 무게와 용수철의 늘어난 길이 사이의 관계를 알아본다.

추 시계도 있다고?

저 벽시계에서 소리가 나.

벽시계의 추가 움직이는 소리야. 끈에 매달려 늘어진 물건을 통틀어 '추'라고 하는데, 그 추가 일정하게 움직여서 시곗바늘을 움직이는 거야.

그러면 벽시계의 추 움직이는 소리가 들리지 않으면 고장 난 거겠네?

응. 그런데 어떤 벽시계는 추를 장식용으로만 사용한 것도 있다고 해.

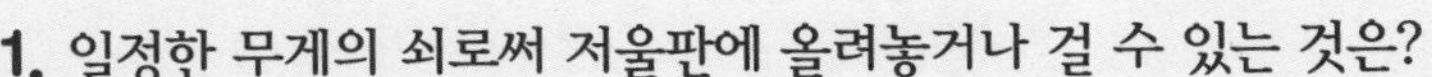

1. 일정한 무게의 쇠로써 저울판에 올려놓거나 걸 수 있는 것은?

① 추　　② 초　　③ 차　　④ 체

2. 끈에 매달려 늘어진 물건을 통틀어 (　　　　　)(이)라고 한다.

예뻐냥의 하루

냥냥이의 서술어 충전소

고정하다

표지판이 흔들리면 잘 안 보이기도 하고 위험하기도 해서 잘 고정해야 해. 이처럼 한곳에 꼭 붙어 있거나 붙어 있게 하는 것을 '고정하다'라고 해. 선생님께서 교실 뒤편 게시판에 우리가 만든 작품을 압정이나 테이프로 고정해 주시는 것처럼 말이야.

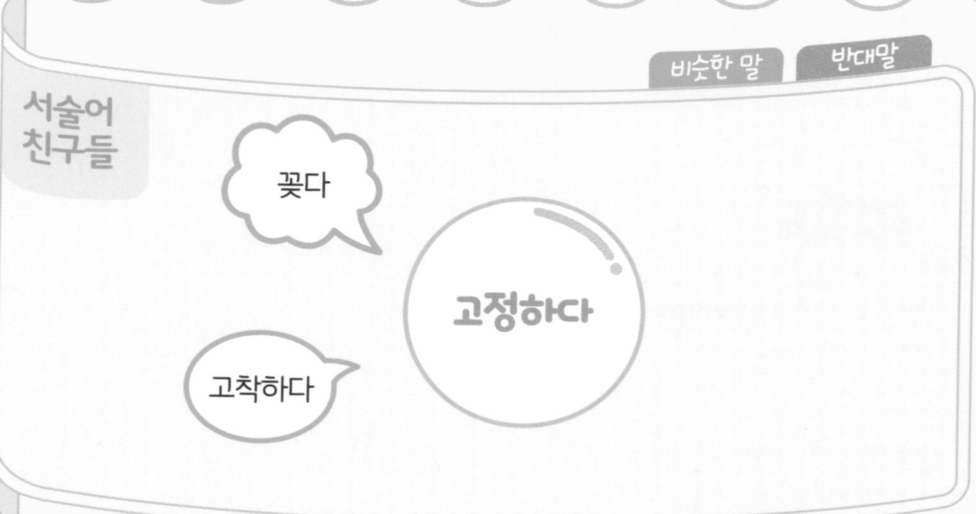

개념어랑 서술어랑

범위 + 고정하다

스포츠를 할 때 서로 비슷한 체중의 선수끼리 대결하도록 체급을 나눠. 스포츠마다 체급을 결정하는 범위나 체급을 구분해서 부르는 말도 다르고. 하지만 체급은 고정하는 것이 아니라 달라질 수 있다는 점 알아 둬!

기울다

'기울다'는 비스듬하게 한쪽이 낮아지거나 비뚤어진 것을 말해. 배를 탔을 때 파도가 치거나, 차를 탔을 때 고르지 못한 차도 때문에 기울어진 느낌을 받았던 경험이 있을 거야. 또는 벽에 걸려 있는 작품이나 그림이 비뚤어진 경우도 '기울다'라고 해.

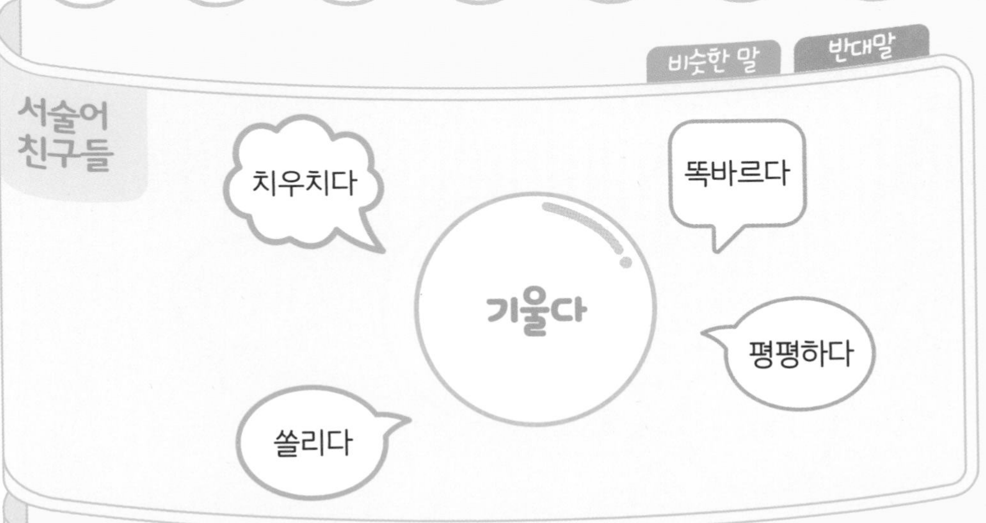

개념어랑 서술어랑

분동, 수평 + 기울다

윗접시 저울의 한쪽 접시에는 물체를, 다른 쪽 접시에는 분동을 올려 물체의 무게를 잴 수 있어. 저울이 한쪽으로 기울면 분동을 올리고 내리면서 수평을 이루도록 만들어야 해. 참! 분동은 집게로 집어야 하는 거, 잊지 않았지?

냥냥이의 서술어 충전소

매달다

크리스마스에 우리는 트리에 예쁜 장식물들을 매달아. 이렇게 줄이나 끈, 실 따위로 잡아매어서 달려 있게 하는 것을 '매달다'라고 해. 우리 주변에 매달려 있는 것들을 더 찾아볼까?

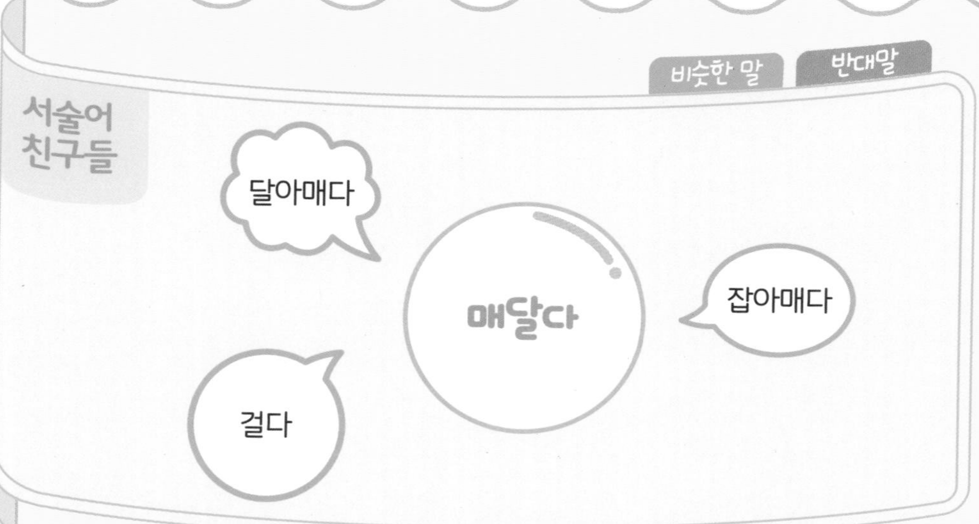

개념어랑 서술어랑

용수철, 추 + 매달다

용수철저울은 물체의 무게가 늘어날수록 용수철의 길이가 길어지는 용수철의 성질을 이용하여 물체의 무게를 재는 도구야. 매단 추의 무게가 일정하게 늘어날수록 용수철의 길이도 일정하게 늘어나.

반복하다

같은 일을 되풀이하는 것을 '반복하다'라고 해. 매일 독서를 반복하는 것, 영어 단어를 반복해서 외우는 것들이 해당하지. 반복을 통한 훈련은 우리를 완벽하게 만들어 줘. 우리가 지금 반복하는 것에는 무엇이 있을까?

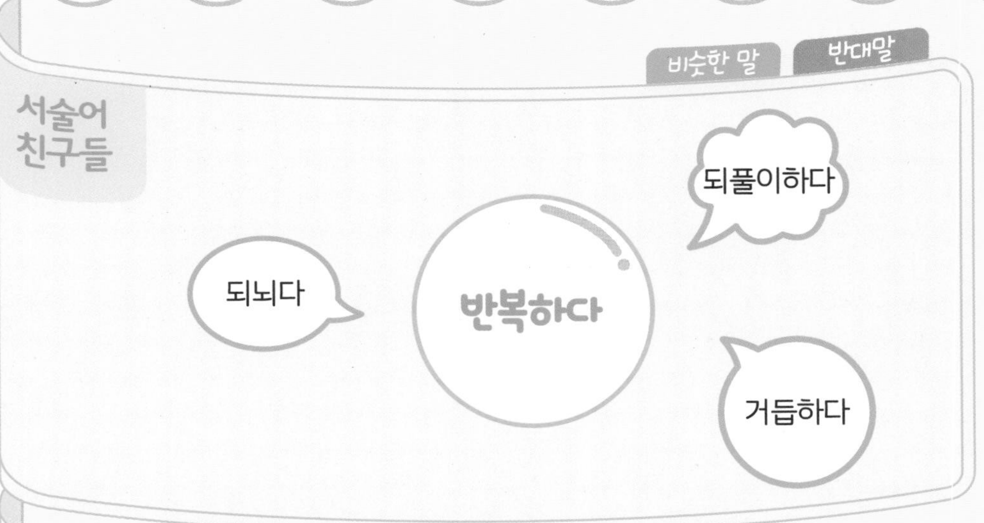

개념어랑 서술어랑

중력 + 반복하다

영국의 물리학자 아이작 뉴턴은 사과 나무 아래에서 쉬다가 땅으로 곧게 떨어지는 사과를 보고 중력을 알아냈어. 운이 좋다고? 아니야. 이건 왜 사과가 떨어졌는지 의문을 갖고 연구를 반복했기 때문에 얻게 될 결과라고.

5. 혼합물의 분리

무엇을 배우나요?

5단원에서는 혼합물을 분리하는 기초적인 방법과 혼합물 분리의 필요성과 유용성을 배울 거예요.
또 우리 주변에서 볼 수 있는 물질은 대부분 두 가지 이상의 물질로 구성된 혼합물임을 알고,
생활에 필요한 물질을 얻기 위해 혼합물을 분리하는 방법을 공부할 거예요.

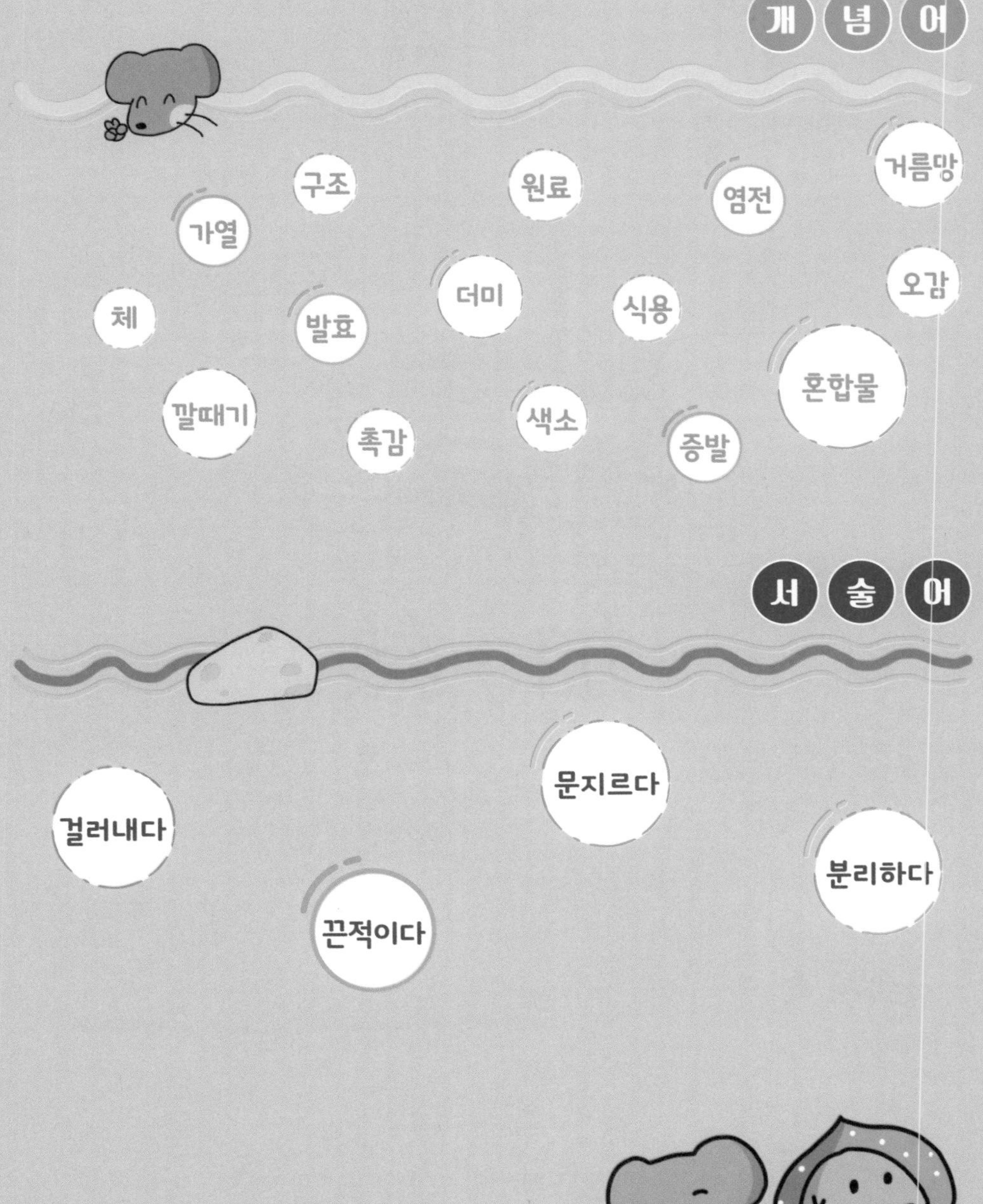
개념어
구조
원료
염전
거름망
가열
더미
식용
오감
체
발효
혼합물
깔때기
촉감
색소
증발
서술어
문지르다
걸러내다
분리하다
끈적이다

36 가열

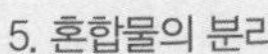

어떤 물질에 열을 가함

어휘교실

加 熱

더할 **가** 더울 **열**

교과서 속 어휘찾기

- 증발 접시를 **가열**하면서 나타나는 현상을 관찰한다.
- **가열** 장치의 불을 끈 뒤 증발 접시에 남아 있는 물질을 확인한다.
- 물을 **가열**하면 수증기가 발생한다.

가열의 다른 뜻

아나운서가 축구 경기가 가열되었다고 하던데, 어떻게 가열되었다는 거야?

'가열하다'는 어떤 물질에 열을 가한다는 뜻도 있지만, 어떤 사건에 열기가 더해졌을 때도 써.

그렇구나. 참! 물을 가열하면 물이 줄어드는데, 그건 왜 그런 거냥?

물을 가열하면 물이 끓어 수증기로 변하여 공기 중으로 날아가. 그래서 물이 끓기 전보다 물이 끓은 후에 물의 높이가 낮아지는 것이지.

1. 어떤 물질에 열을 가하는 것은?

① 균열 ② 가열 ③ 희열 ④ 분열

2. 물을 가열하기 전과 후 물의 높이를 >, =, <로 비교하시오.

물이 끓기 전 (   ) 물이 끓은 후

알갓냥의 하루

37 깔때기

병 따위에 꽂아 놓고 액체를 붓는 데 쓰는 나팔 모양의 기구

국어사전에 '갈/깔' 또는 '가래'는 고깔 모양의 모자를 뜻한다고 나오며,
깔때기는 '가래/갈 모양의 대는(병에 대는) 물건'이란 뜻이다.

교과서 속 어휘찾기

- **깔때기** 끝의 긴 부분을 비커 옆면에 붙인다.
- 혼합물이 튀거나 **깔때기** 밖으로 흘러넘치지 않도록 혼합물이 유리 막대를 타고 천천히 흐르도록 붓는다.

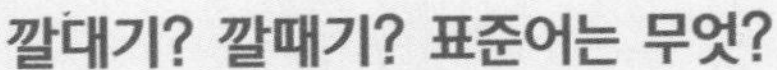

깔대기? 깔때기? 표준어는 무엇?

엄마는 깔대기가 맞다고 하고, 아빠는 깔따기가 맞다고 하는데, 뭐가 맞냥?

둘 다 틀려. '깔때기'의 의미로 깔따기, 깔대기를 쓰는 경우가 있지만, 깔때기만 표준어로 삼아.

나도 깔때기가 맞다고 생각하고 있었는데, 혹시 틀릴까 봐 말을 못했지 뭐야!

칫! 몰랐으면서.

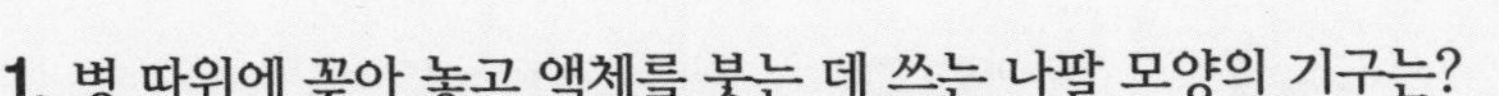

1. 병 따위에 꽂아 놓고 액체를 붓는 데 쓰는 나팔 모양의 기구는?

① 비커 ② 유리 막대 ③ 삼각 플라스크 ④ 깔때기

2. 다음 중 깔때기를 사용하여 주둥이가 작은 병으로 옮길 수 <u>없는</u> 것은?

① 간장 ② 식용유 ③ 물 ④ 숟가락

머라냥의 하루

38 거름망

찌꺼기나 건더기가 있는 액체를 체 따위에 밭치어 찌꺼기를 걸러 내는 그물

어휘교실

거 름 網

그물 **망**

교과서 속 어휘찾기

- 잎이나 꽃을 말린 차를 **거름망**에 넣어 따뜻한 물에 넣으면 물에 녹는 성분은 **거름망**을 통과하고, 차의 건더기는 **거름망** 안에 남는다.
- 과일의 즙을 짤 때에는 **거름망**을 이용해 찌꺼기와 즙을 분리한다.

거르다? 걸르다?

체에 받쳐서 걸러 내는 거니까, '걸르다'가 맞는데, 자꾸 알갓냥이 '거르다'가 맞다고 하지 뭐냥?

알갓냥 말이 맞아.

뭐라고? '걸러, 걸러서, 걸러도, 걸렀다'라고 말하잖아.

맞아. 그렇게 활용되지만, 기본형은 '거르다'야. 그래서 걸름종이가 아닌 거름종이라고 하는 거고.

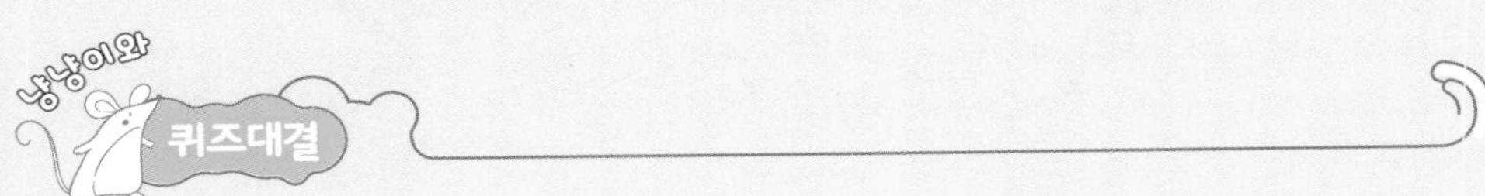

1. 찌꺼기나 건더기가 있는 액체를 체 따위에 밭치어 찌꺼기를 걸러 내는 그물은?

① 피망　　② 도망　　③ 희망　　④ 거름망

2. 말린 차를 거름망에 넣어 따뜻한 물에 넣으면 물에 (녹는, 녹지 않는) 성분은 거름망을 통과한다.

예뽀냥의 하루

39 구조

부분이나 요소가 어떤 전체를 짜 이룸

構 얽을 **구**

造 지을 **조**

교과서 속 어휘찾기

- 혼합물 분리 장치의 **구조**와 준비물을 정해 본다.
- 시추는 땅속 깊이 있는 물질을 얻거나 지층의 **구조**를 조사할 때 땅에 구멍을 뚫는 일이다.

구조? 구조물?

우아! 네가 레고로 만든 건물, 정말 멋있다!

하하! 구조가 복잡해서 설계도를 잘 보고 따라 했지! 이제 레고로 피라미드 구조물을 만들어야지!

구조는 알겠는데, 구조물은 뭐냥?

'구조'는 부분이나 요소가 전체를 짜 이루는 것을 말하고, 그렇게 만들어진 물건이나 건물 따위를 '구조물'이라고 해.

1. 부분이나 요소가 어떤 전체를 짜 이루는 것은?

① 구제 ② 구도 ③ 구두 ④ 구조

2. 시추는 땅속 깊이 있는 물질을 얻거나 지층의 (온도, 구조)를 조사할 때 땅에 구멍을 뚫는 일이다.

어쩌냥의 하루

40 더미

많은 물건이 한데 모여 쌓인 큰 덩어리

어휘교실

비슷한 말로 **무더기**, **뭉치**, **뭉텅이**, **산더미** 따위가 있으며,
영어의 'dummy'와는 관련이 없는 고유어이다.

교과서 속 어휘찾기

- 용수철저울은 가격을 정하기 위해 사용되었을 뿐만 아니라 소, 말과 같은 집에서 키우는 동물의 먹이인 풀 **더미**의 무게를 측정하는 데에도 사용되었다.
- 쓰레기 **더미**에서 재활용 가능한 물건들을 찾아내는 것은 어려운 일이다.

더미? 산더미?

할 일이 산더미처럼 밀려 있어.

산더미? 산이 쌓여 있는 것처럼 많은 거냥?

응. 더미랑 비슷한 말이야. 물건이 많이 쌓여 있거나 어떠한 일이 많음을 비유적으로 이를 때 산더미라고 표현하지.

장난감이 산더미처럼 있으면 좋겠다냥!

1. 많은 물건이 한데 모여 쌓인 큰 덩어리는?

① 더위 ② 더미 ③ 도미 ④ 도마

2. 더미와 비슷한 말이 <u>아닌</u> 것은?

① 낟개 ② 뭉치 ③ 산더미 ④ 무더기

괜찮냥의 하루

41 발효

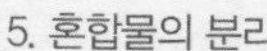
5. 혼합물의 분리

미생물이 유기물을 분해하는 과정 또는 결과물. 이로움을 줄 때 발효라고 하고, 해로움을 주면 부패로 구분함

교과서 속 어휘찾기

- 우유에 식초를 넣어서 엉긴 단백질을 분리한 뒤, 굳히거나 **발효**시켜 만든다.
- 어느 과학자는 **발효** 통에서 거품이 나오는 것을 우연히 관찰하고 이를 탐구하여 처음으로 탄산수를 만들었다.

발효와 부패의 차이?

으악! 우유에서 이상한 냄새가 나. 발효되었나 봐.

우유가 상한 건 부패되었다고 해. 나쁜 세균, 즉 부패균이 음식을 상하게 한 거야.

어? 우유가 요구르트로 변하는 것은 발효라고 하던데?

효모나 세균 같은 미생물의 분해 활동으로 새로운 성분이 만들어지는 것을 '발효'라고 해. 김치, 된장, 고추장, 치즈 따위가 대표적인 발효 식품이지.

발효 식품인지, 부패된 음식인지 잘 구분해야겠다냥!

1. 효모나 세균 따위의 미생물이 유기물을 분해하여 알코올류, 유기산류, 이산화 탄소 따위를 생기게 하는 작용을 (　　　　　)(이)라고 한다.

2. 다음 중 발효 식품이 아닌 것은?

① 치즈　　② 요구르트　　③ 된장　　④ 물

예뻐냥의 하루

42 색소

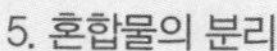

물체의 색깔이 나타나도록 해 주는 성분

빛 **색**

본디 **소**

교과서 속 어휘찾기

- 우유에 식용 **색소**를 넣고 잘 섞는다.
- 큰 그릇에 휴지를 찢어서 넣은 후 물과 **색소**를 넣어 잘 섞는다.
- 머리가 하얗게 변하는 까닭은 멜라닌 **색소**가 줄어들기 때문이다.

우리 몸에 멜라닌 색소가 있다고?

난 파란색이고, 넌 보라색이고. 피부색은 왜 다르냥?

동물의 조직에 있는 검은색이나 흑갈색의 멜라닌 색소 때문이야.

난 색소 사탕 말고 먹은 게 없는데?

우리 몸에 있는 멜라닌 색소의 양에 따라 피부, 머리카락, 눈동자 색깔이 달라져.

난 멜라닌 색소가 부족해서 검은 고양이가 못 된 거였네. 아쉽다.

쳇! 언제는 파란 피부가 너무 좋다고 해놓고서는.

1. 물체의 색깔이 나타나도록 해 주는 성분은?

① 색안경 ② 색연필 ③ 색종이 ④ 색소

2. 멜라닌은 우리 몸에 있는 붉은색의 색소이다. (O, X)

머라냥의 하루

43 식용

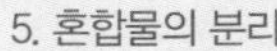

먹을 것으로 씀. 또는 그런 물건

어휘교실

食	用
밥 **식**	쓸 **용**

교과서 속 어휘찾기

- 우유에 **식용** 색소를 넣고 잘 섞는다.
- 전자저울을 사용하여 **식용** 소다 7g, **식용** 구연산 3g을 측정한다.
- **식용** 폐유는 천연 세제를 만드는 데에 이용된다.

식용? 시식용?

두부에 시식용이라고 써 있는데, 식용을 잘못 쓴 걸까?

시험 삼아 먹어 보는 걸 '시식'이라고 해. 파는 걸 가져와야지, 시식용 두부를 가져오면 어떻게 해?

내가 시식용이 뭔지 몰랐잖냥!

넌 몰라도 항상 당당해! 이걸 멋지다고 해야 하는 걸까?

1. 먹을 것으로 쓰거나 그런 물건은?

① 사용 ② 식용 ③ 식용유 ④ 채용

2. 식용을 위해 키우는 것이 아닌 것은?

① 버섯 ② 상추 ③ 배추 ④ 튤립

모르냥의 하루

44 염전

소금을 만들기 위하여 바닷물을 끌어들여 논처럼 만든 곳

어휘교실

鹽	田
소금 **염**	밭 **전**

교과서 속 어휘찾기

- 바닷가의 **염전**에서 소금을 얻을 때에는 증발을 이용한다.
- **염전**에 바닷물을 모아 막아 놓으면 바람과 햇빛 따위에 의해 물이 증발하면서 소금을 얻을 수 있다.

소금에 돈의 뜻도 있다고?

시간이 돈이라는 이야기는 들어 봤는데, 소금이 돈이라는 이야기는 처음 들어.

옛날 로마에서는 군인이나 관리의 급여를 소금으로 주었대. 실제로 일을 하고 받는 대가를 영어로 샐러리(salary)라고 하는데, 이 말도 '병사에게 주는 소금 돈'이라는 라틴어에서 유래했다고 해.

소금은 옛날부터 정말 중요했구나.

우리나라 서해안은 밀물과 썰물의 차가 심하고 증발량이 많아 이런 귀한 소금을 생산하는 염전이 발달했어.

1. 소금을 만들기 위하여 바닷물을 끌어들여 논처럼 만든 곳은?

① 염전　　② 오전　　③ 도전　　④ 발전

2. 염전에서는 햇빛, 바람 따위로 물을 (가열, 증발)시켜 소금을 얻는다.

머라냥의 하루

오감

시각, 청각, 후각, 미각, 촉각의 다섯 가지 감각

어휘교실

오! 오감을
자극하는 맛이야!

그게 대체
무슨 맛인데!

?!

五	感
다섯 **오**	느낄 **감**

교과서 속 어휘찾기

- **오감** 중 시각은 눈, 청각은 귀, 후각은 코, 미각은 혀, 촉각은 피부로 느끼는 감각이다.
- 동물 중에는 사람보다 **오감**이 더 발달한 개체가 많다.

미각이 아닌 자극?

나는 매운맛을 정말 잘 느껴. 미각이 발달했나 봐.

매운맛은 미각이 아니야.

그게 무슨 말이냥?

매운맛은 혀가 맛을 느끼는 것이 아니라 혀가 아픔을 느끼는 거래. 맞으면 아픈 것처럼 마늘, 고추 따위에 매운 것이 들어가 아픈 거지. 통증!

그래서 매운 고추를 손으로 만졌을 때도 손이 매웠구나.

1. 인간이 느끼는 다섯 가지 감각을 (　　　　　)(이)라고 한다.

2. 오감 중 코를 통해 느끼는 감각은?

① 시각　　② 청각　　③ 후각　　④ 미각

예뽀냥의 하루

원료

어떤 물건을 만드는 데 들어가는 재료

原 근원 **원**

料 헤아릴 **료(요)**

교과서 속 어휘찾기

- 콩은 두부나 콩나물, 콩기름 따위의 **원료**로 쓴다.
- 남은 설탕 **원료**를 넓게 펴서 말린다.
- 과거 우리나라는 **원료**를 수입하고 제품을 생산하는 가공 무역 국가였다.

원료? 원산지?

난 두부랑 두유랑 콩이랑 된장이 너무 좋아.

그거 다 콩이 원료네!

엇! 다 콩이 원료인 줄은 몰랐다냥. 그러고 보니 물건이 생산된 원산지는 대한민국이네. 원료나 원산지의 '원'에 무슨 의미가 있는 거냥?

'원'에는 원래 본모습, 근본이라는 의미가 있어.

이제부터 나를 원어쩌냥이라고 불러 줘. 난 내 본래의 모습을 사랑하니깐!

1. 어떤 물건을 만드는 데 들어가는 재료는?

① 음료 ② 출연료 ③ 원료 ④ 치료

2. 두부, 콩나물, 콩기름의 원료는?

① 밀 ② 깨 ③ 쌀 ④ 콩

알갓냥의 하루

47 증발

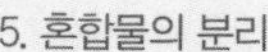

어떤 물질이 액체 상태에서 기체 상태로 변함. 또는 그런 현상

어휘교실

蒸 찔 **증**

發 필 **발**

교과서 속 어휘찾기

- 거름종이를 빠져나간 물질을 **증발** 접시에 붓고 알코올램프로 가열한다.
- 거름 장치로 거른 소금물에서 물을 **증발**시켜 소금을 분리할 수 있다.
- 염전에서는 바람과 햇볕을 이용해 바닷물에서 물을 **증발**시킨다.

사람이 증발한다고?

큰일이야! 옆집 아이가 갑자기 증발했대. 사람도 기체 상태로 변할 수 있는 거냥?

사람이나 물건이 갑자기 사라져 행방을 알지 못하게 되는 것도 '증발'이라고 하거든.

방금 문자로 아이를 찾았다는 연락이 왔어. 놀이터에서 놀고 있었대. 정말 다행이야.

사람이나 냥냥이나 증발은 싫다냥!

1. 어떤 물질이 액체 상태에서 기체 상태로 변하는 것은?

① 증발　② 증가　③ 증기　④ 증식

2. 증발은 어떤 물질이 (고체, 액체, 기체) 상태에서 (고체, 액체, 기체) 상태로 변하는 현상이다.

괜찬냥의 하루

체

가루를 곱게 치거나 액체를 밭거나 거르는 데 쓰는 기구

체의 몸이 되는 부분인 얇은 나무나 널빤지를 둥글게 휘어 만든 테를 **'쳇바퀴'**라고 한다. 이 쳇바퀴에 말총, 명주, 실, 철사 따위로 그물 모양의 **'쳇불'**을 씌워 나무못이나 대못을 박아 고정하여 만든다.

교과서 속 어휘찾기

- 마스크에는 **체**와 같은 역할을 하는 장치가 들어 있어 먼지나 바이러스, 세균이 코나 입을 거쳐 우리 몸속에 들어오지 못하도록 막아 준다.
- 공사장에서 모래와 자갈을 분리할 때나 강에서 모래와 작은 조개를 분리할 때에도 **체**를 사용한다.

체의 다른 뜻?

점심을 너무 많이 먹었나 봐. 체한 것 같아.

뭐? 점심을 체에 걸러서 먹은 거야?

거르는 데 쓰는 '체' 말고 '체(滯)'! 한의학에서 먹은 음식이 잘 소화되지 아니하는 증상을 '체'라고 해.

아! 난 또 너 따라서 체에 음식을 걸러서 먹으려고 했다냥!

1. 가루를 곱게 치거나 액체를 밭거나 거르는 데 쓰는 기구는?

① 초　　② 차　　③ 체　　④ 채

2. 체로 거를 수 없는 것은?

① 콩　　② 깨　　③ 쌀　　④ 물

예뻐냥의 하루

촉감

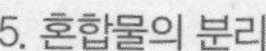

외부의 자극이 피부 감각을 통하여 전해지는 느낌

교과서 속 어휘찾기

- 씨의 크기, 모양, **촉감**을 관찰해 본다.
- 식물의 씨는 껍질에 싸여 있고 단단하다. 씨의 모양, 색깔, **촉감**, 크기 따위는 식물의 종류에 따라 다르다.

촉감? 감촉?

촉감이랑 감촉은 달라?

같은 말이라고 봐도 돼. 촉감은 감각, 감촉은 느낌이라고 생각하면 될 듯.

이 옷감은 감촉이 아주 좋아. 이 옷감에서 부드러운 촉감이 느껴졌어. 이렇게 말이지?

왠일로 한 번에 이해했냥?

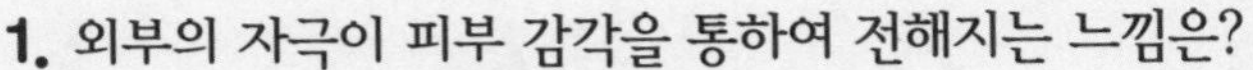

1. 외부의 자극이 피부 감각을 통하여 전해지는 느낌은?

① 영감　② 땡감　③ 단감　④ 촉감

2. 촉감으로 느낄 수 없는 것은?

① 차가움　② 따가움　③ 부드러움　④ 맛있음

어쩌냥의 하루

50 혼합물

두 가지 이상의 물질이 각각의 성질을 지니면서 뒤섞인 물질

어휘교실

混	合	物
섞을 **혼**	합할 **합**	물건 **물**

교과서 속 어휘찾기

- 두 가지 이상의 물질이 성질이 변하지 않은 채 서로 섞여 있는 것을 **혼합물**이라고 한다.
- **혼합물**을 분리하면 우리 생활에 필요한 물질을 얻을 수 있을 뿐만 아니라 다양하게 이용할 수도 있다.

혼합물과 화합물은 어떻게 구분해?

'화합물'은 물과 소금처럼 두 가지 이상의 원소를 화학적으로 결합시켜 만든 순물질로, 결합한 물질은 물리적으로 분리할 수 없어.

하지만 '혼합물'은 소금물이나 우유처럼 두 가지 이상의 물질이 섞인 물질로, 거름이나 증류 따위의 방법으로 분리할 수 있지.

또 화합물은 결합하기 전의 원소가 가진 성질과는 다른 새로운 성질과 일정한 끓는점, 녹는점, 밀도를 갖아.

반면에 혼합물은 섞이기 전의 물질이 가진 성질을 그대로 지니지.

1. 두 가지 이상의 물질이 각각의 성질을 지니면서 뒤섞인 물질은?

① 동식물 ② 혼합물 ③ 준비물 ④ 시냇물

2. (혼합물, 화합물)은 거름이나 증류 같은 물리적인 방법으로 분리할 수 있다.

어쩌냥의 하루

냥냥이의 서술어 충전소

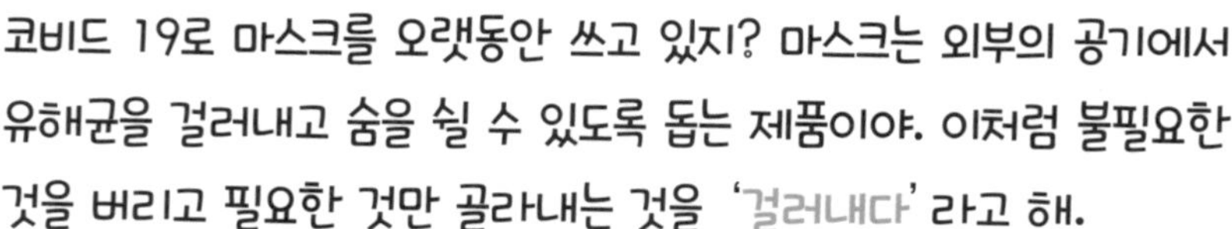

걸러내다

코비드 19로 마스크를 오랫동안 쓰고 있지? 마스크는 외부의 공기에서 유해균을 걸러내고 숨을 쉴 수 있도록 돕는 제품이야. 이처럼 불필요한 것을 버리고 필요한 것만 골라내는 것을 '걸러내다' 라고 해.

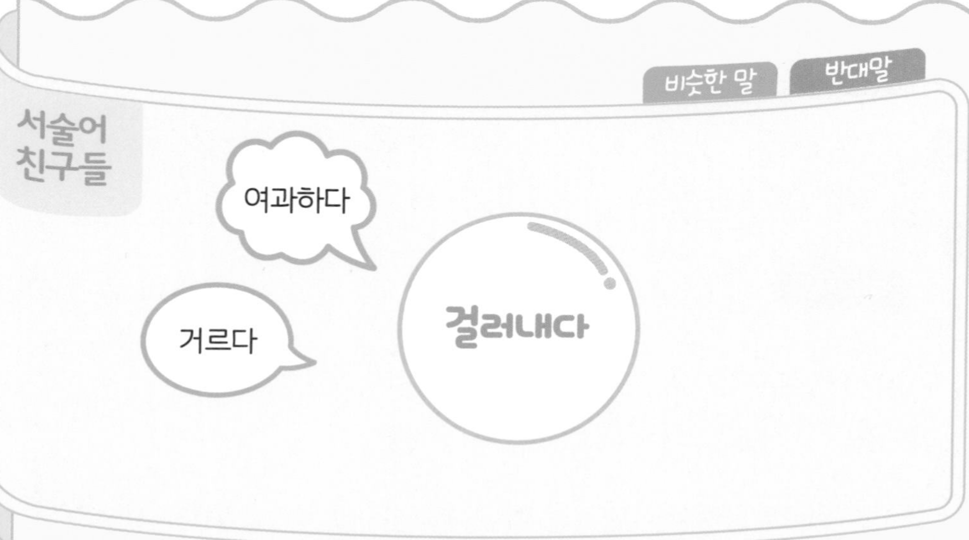

개념어랑 서술어랑

거름망, 더미 + 걸러내다

싱크대에 거름망이 없다면 설거지할 때 음식물 쓰레기 더미가 하수구를 막거나, 하수구로 들어간 음식물 쓰레기 때문에 물이 오염될 거야. 음식물 쓰레기는 반드시 걸러내야 해.

끈적이다

끈끈하여 척척 들러붙는 것을 '끈적이다'라고 해. 잘못 풀칠한 곳을 만져 보면 끈적거려. 또 여름에 습하고 더운 날씨를 우리는 끈적끈적한 날씨라고 표현하기도 해. 그만큼 들러붙는다는 의미이지.

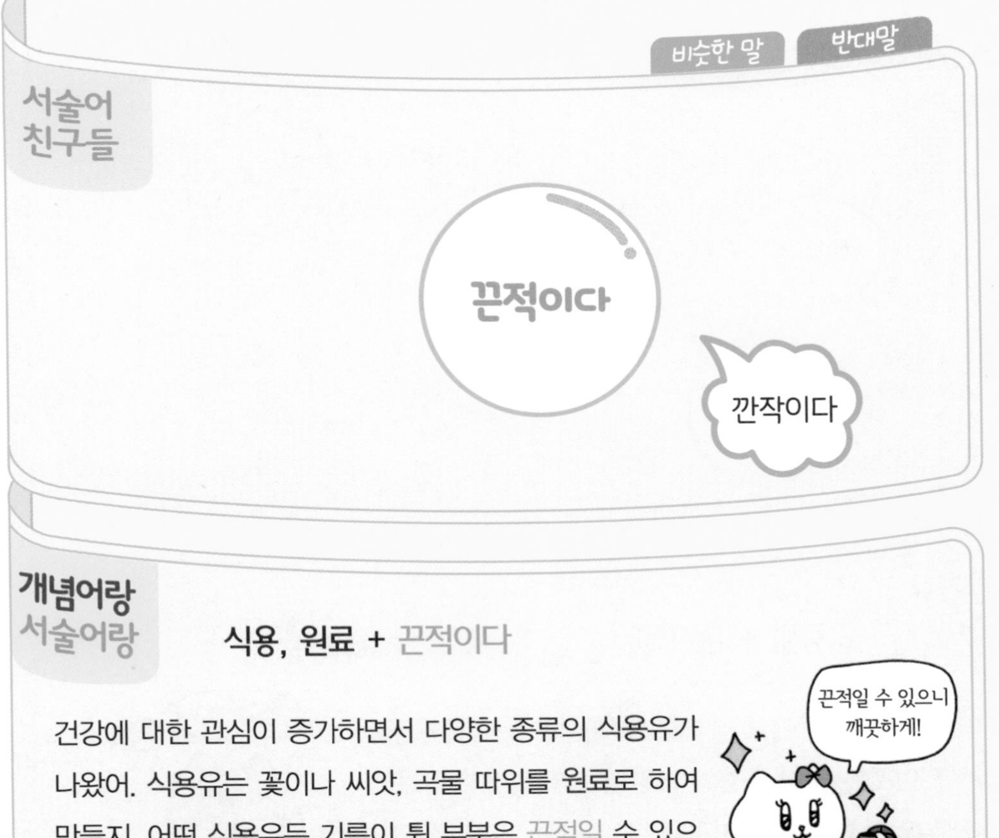

식용, 원료 + 끈적이다

건강에 대한 관심이 증가하면서 다양한 종류의 식용유가 나왔어. 식용유는 꽃이나 씨앗, 곡물 따위를 원료로 하여 만들지. 어떤 식용유든 기름이 튄 부분은 끈적일 수 있으므로 잘 닦아야 해.

냥냥이의 서술어 충전소

문지르다

우리 친구들은 모두 비누를 사용하여 양손을 깨끗하게 문질러 닦지? 때때로 배가 아플 때 부모님이 우리 배를 살살 문질러 주기도 하고. 이렇게 무엇을 서로 눌러 대고 이리저리 밀거나 비비는 것을 '문지르다'라고 해.

서술어 친구들

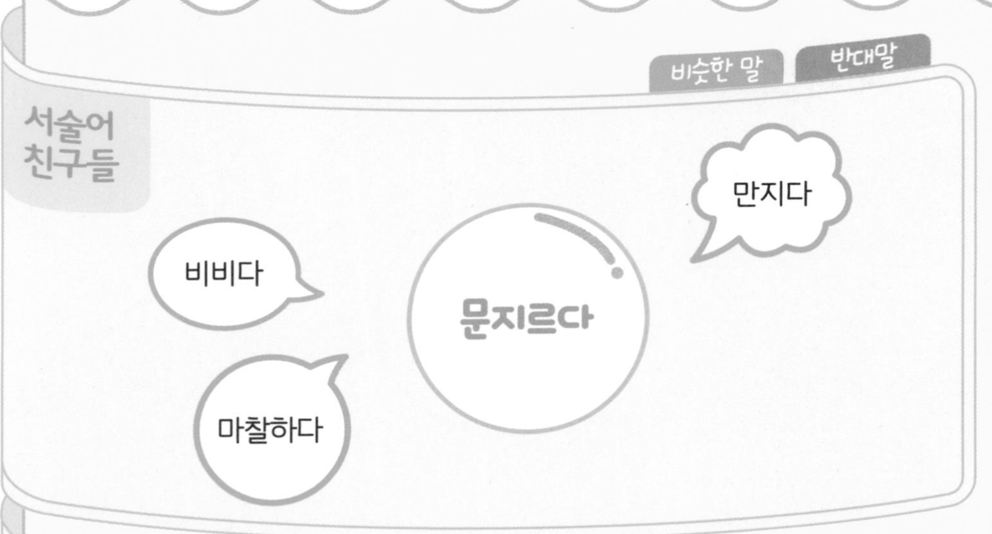

개념어랑 서술어랑

증발 + 문지르다

땀이 난 피부를 문질렀을 때 까실까실한 느낌이 든 적 있어? 이것은 땀이 배출되어 증발하면서 피부에 소금기가 남았기 때문이야. 이것은 뒤이어 나온 땀의 소금기 농도를 높여 땀의 증발을 점점 억제해 주기도 해.

분리하다

쓰레기가 전부 쓸모없는 건 아니야. 종이, 유리병, 플라스틱, 금속, 알루미늄 따위의 쓰레기는 다시 사용할 수 있어. 그래서 쓰레기는 꼭 분리하여 버리는 분류 배출을 해야 해. 이처럼 서로 나누어 떨어지게 하는 것을 '분리하다'라고 말해.

서술어 친구들

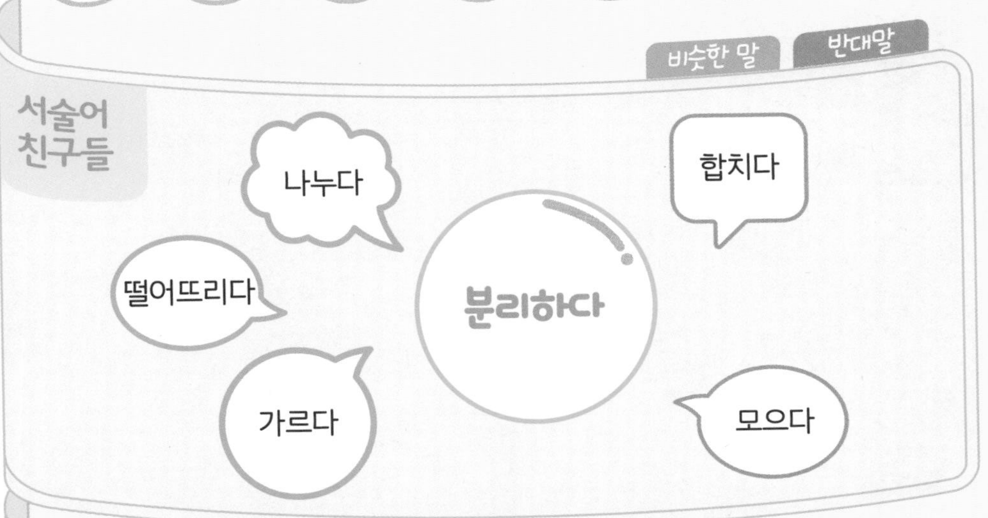

개념어랑 서술어랑

체, 혼합물 + 분리하다

콩, 팥, 좁쌀의 혼합물은 눈의 크기가 다른 두 개의 체를 이용하여 분리할 수 있어. 눈의 크기가 큰 체를 먼저 이용하면 콩을 가장 먼저, 눈의 크기가 작은 체를 먼저 이용하면 좁쌀을 가장 먼저 분리할 수 있지.

		1	2
01	근거	1. ④	2. ④
02	발포	1. ②	2. ④
03	부피	1. ③	2. ④
04	압축	1. ①	2. ②
05	경사면	1. 면	2. ①
06	단면	1. ②	2. 단면
07	모형	1. ④	2. ④
08	발굴	1. ①	2. ②
09	생성	1. ②	2. 생겨나는
10	연속성	1. ④	2. 연관성
11	지층	1. 지층	2. ④
12	지표면	1. ②	2. ②
13	층층이	1. ①	2. ③
14	퇴적물	1. ②	2. ④
15	표본	1. ③	2. ④
16	화석	1. 빨리	2. ③
17	꼬투리	1. ②	2. 강낭콩
18	떡잎	1. ③	2. ○
19	새순	1. ③	2. ②
20	수확	1. ①	2. ④
21	본잎	1. ④	2. ③
22	영구	1. ④	2. 씨앗
23	유성	1. 유성	2. 기름
24	인공	1. ①	2. ④
25	재배	1. ②	2. ○

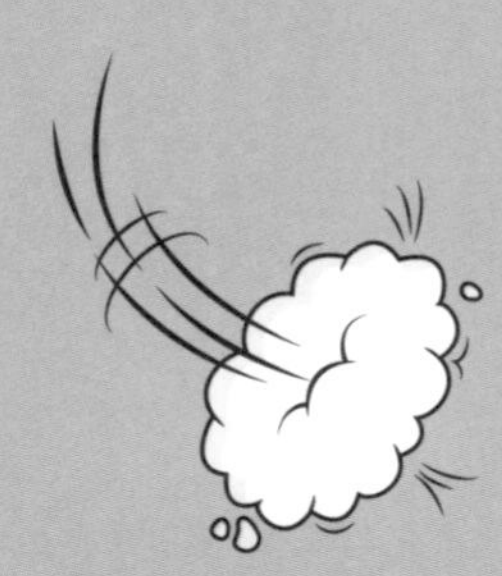

26 종자 1. ② 2. ×

27 탈지면 1. ② 2. 탈피

28 단위 1. ② 2. 무게

29 받침점 1. ④ 2. ②

30 범위 1. ④ 2. 범위

31 분동 1. ① 2. ②

32 수평 1. ④ 2. ×

33 용수철 1. ③ 2. 용수철

34 중력 1. ② 2. 무게

35 추 1. ① 2. 추

36 가열 1. ② 2. >

37 깔때기 1. ④ 2. ④

38 거름망 1. ④ 2. 녹는

39 구조 1. ④ 2. 구조

40 더미 1. ② 2. ①

41 발효 1. 발효 2. ④

42 색소 1. ④ 2. ×

43 식용 1. ② 2. ④

44 염전 1. ① 2. 증발

45 오감 1. 오감 2. ③

46 원료 1. ③ 2. ④

47 증발 1. ① 2. 액체, 기체

48 체 1. ③ 2. ④

49 촉감 1. ④ 2. ④

50 혼합물 1. ② 2. 혼합물

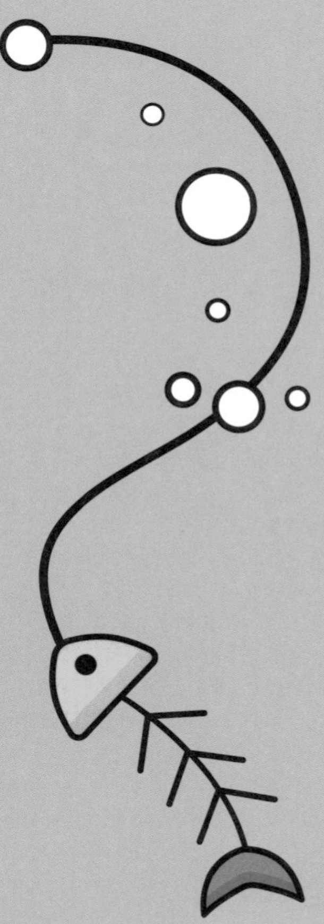

1판 1쇄 펴냄 | 2023년 1월 5일

기 획 | 이은경
글 | 이은경·김 선
그 림 | 김재희
발행인 | 김병준
편 집 | 이현주·박유진
마케팅 | 김유정·차현지
디자인 | 김용호·권성민
발행처 | 상상아카데미

등록 | 2010. 3. 11. 제313-2010-77호
주소 | 서울시 마포구 독막로 6길 11(합정동), 우대빌딩 2, 3층
전화 | 02-6953-8343(편집), 02-6925-4188(영업)
팩스 | 02-6925-4182
전자우편 | main@sangsangaca.com
홈페이지 | http://sangsangaca.com

ISBN 979-11-85402-78-9 (64080)
979-11-85402-75-8 (64080) (세트)